Peraí, eu sou o chefe?!?

Peter Economy

Peraí, eu sou o chefe?!?

O Guia Essencial para que Novos Gerentes Sejam Bem-sucedidos Desde o Primeiro Dia no Comando

Tradução
Felipe de Gusmão Riedel

Editora Cultrix
SÃO PAULO

Título do original: *Wait, I'm the Boss?!?*.
Copyright © 2020 Peter Economy.
Copyright da edição brasileira © 2022 Editora Pensamento-Cultrix Ltda.
1ª edição 2022.
Todos os direitos reservados. Nenhuma parte desta obra pode ser reproduzida ou usada de qualquer forma ou por qualquer meio, eletrônico ou mecânico, inclusive fotocópias, gravações ou sistema de armazenamento em banco de dados, sem permissão por escrito, exceto nos casos de trechos curtos citados em resenhas críticas ou artigos de revistas.

A Editora Cultrix não se responsabiliza por eventuais mudanças ocorridas nos endereços convencionais ou eletrônicos citados neste livro.

Editor: Adilson Silva Ramachandra
Gerente editorial: Roseli de S. Ferraz
Preparação de originais: Danilo Di Giorgi
Gerente de produção editorial: Indiara Faria Kayo
Editoração eletrônica: S2 Books
Revisão: Daniela Pita

Dados Internacionais de Catalogação na Publicação (CIP)
(Câmara Brasileira do Livro, SP, Brasil)

Economy, Peter
　　Peraí, eu sou o chefe?!? : o guia essencial para que novos gerentes sejam bem-sucedidos desde o primeiro dia no comando / Peter Economy ; tradução Felipe de Gusmão Riedel. -- 1. ed. -- São Paulo, SP : Editora Cultrix, 2022.

　　Título original: Wait, I'm the Boss?!?.
　　ISBN 978-65-5736-165-8

　　1. Administração 2. Gestão de negócios 3. Liderança I. Título.

22-109429　　　　　　　　　　　　　　　　　　　　　　CDD-658.06

Índices para catálogo sistemático:
1. Gestão de negócios : Administração 658.06
Eliete Marques da Silva - Bibliotecária - CRB-8/9380

Direitos de tradução para o Brasil adquiridos com exclusividade pela
EDITORA PENSAMENTO-CULTRIX LTDA., que se reserva a
propriedade literária desta tradução.
Rua Dr. Mário Vicente, 368 – 04270-000 – São Paulo, SP – Fone: (11) 2066-9000
http://www.editoracultrix.com.br
E-mail: atendimento@editoracultrix.com.br
Foi feito o depósito legal.

*Para meus filhos:
Jack, Sky e PJ*

Agradecimentos

Muito obrigado à equipe da Career Press, incluindo Michael Pye, Jane Hagaman, Maureen Forys e Rebecca Rider. Eu não poderia ter criado este livro sem o esforço colossal da minha agente literária, Jill Marsal, da Marsal Lyon Literary Agency – muito obrigado por toda a dedicação qualificada que muito me ajudou.

Agradeço também a Kevin Daum por me apresentar ao pessoal da Inc.com muito tempo atrás. Foi uma grande jornada!

E agradeço à minha editora pessoal e inspiradora desse projeto, Sheila Wagner, por seu apoio e persistência. Foi um enorme prazer.

Por fim, agradeço à minha esposa, Jan, por apoiar minha agenda maluca de escrever 24 horas por dia, sete dias por semana. Isso também vai passar. *Aloha au iā 'oe. Maui nō ka 'oi!*

Sumário

Agradecimentos 7
Introdução 11

PARTE I - ENTÃO, AGORA VOCÊ É O CHEFE 17

1 - Os Gerentes Fazem Isso (Não Aquilo) 19
2 - É Hora de Definir Metas 33
3 - Quer Garantir que os Funcionários Realizem seu Trabalho? Avalie e Comunique 43
4 - De Volta às Aulas: Crie Uma Organização que Aprende ... 55
5 - O Trabalho em Equipe Torna o Sonho Possível 67

PARTE II - HABILIDADES REALMENTE IMPORTANTES PARA O NOVO CHEFE 81

6 - Liderar é Inspirar Aqueles que Trabalham para Você e com Você 83
7 - Delegar: Como Aproveitar ao Máximo sua Liderança 101
8 - A Importância da Visão 111
9 - Seja Melhor como *Coach* e como Mentor 129
10 - Motivando os Funcionários de Hoje 141

PARTE III - TÍPICOS DESAFIOS ENFRENTADOS POR NOVOS CHEFES 163

11 - Achado Não é Roubado: Como Recrutar e Manter os Melhores Funcionários 165
12 - Uh! Oh! – Lidando com Problemas dos Funcionários 177

13 - Quando Boas Pessoas Tomam o Caminho Errado: Disciplina e Rescisão 185
14 - Derrubando Barreiras Organizacionais 199
15 - Fracasse Rápido (e Ganhe Mais Rápido!) 219
16 - Liderando uma Força de Trabalho Diversificada 229
17 - Sobrevivendo à Política e às Pessoas 241

GLOSSÁRIO: Termos Essenciais que Todo Gerente Deve Conhecer. 265
Notas 271

Introdução

A gestão é, acima de tudo, uma prática onde a arte, a ciência e a habilidade se encontram.

— HENRY MINTZBERG, professor de administração

Parabéns! Você foi escolhido para ser gerente em sua empresa. Ao começar essa jornada de liderança, saiba que foi selecionado por bons motivos. Seu chefe viu seu potencial para liderar, e acredita que você tem o que é preciso para fazer a empresa progredir.

Não subestime isso. Os gerentes são fundamentais em suas empresas – são eles que determinam o clima do lugar. De acordo com uma pesquisa realizada pela firma de consultoria DDI (Development Dimensions International), empresas com líderes competentes têm 13 vezes mais chances de superar seus concorrentes. Além do mais, o relatório de Previsão de Liderança Global de 2018 da DDI mostrou que os principais desafios para as organizações atualmente são: (1) desenvolver os líderes da "Próxima Geração" e (2) atrair e reter os melhores talentos.[1] Portanto, é do interesse de sua empresa – e de todas as organizações – identificar, treinar e desenvolver gerentes altamente capacitados.

Gerentes como você.

Mas há um problema. Grande parte das organizações não treina seus novos gerentes.

De acordo com um artigo da Harvard Business Review, escrito por Jack Zenger, CEO da consultoria de desenvolvimento de liderança da Zenger/Folkman, gerentes recebem seu primeiro treinamento de liderança, em média, aos 42 anos de idade, cerca de dez anos depois de terem começado a supervisionar outras pessoas.[2] Em outras palavras, eles não recebem nenhum treinamento sobre liderança durante mais de uma década depois de serem designados para a função.

De acordo com Zenger, surgem três problemas específicos quando novos gerentes não recebem treinamento adequado para fazer seu trabalho – e para fazê-lo bem:

1. **Exercer uma função sem treinamento cria maus hábitos.** Seria muito bom se cada novo gerente absorvesse bons hábitos do seu gestor, mas a verdade é que há muitos maus gerentes por aí – maus líderes são um péssimo modelo a ser seguido. Na verdade, pesquisadores descobriram que mais de 35% dos trabalhadores já pediram demissão por causa de um gerente, e 15% estão pensando em sair do emprego por esse mesmo motivo.

2. **A prática somente leva à perfeição se abordada da maneira correta.** O velho ditado "a prática leva à perfeição" não faz sentido se você exerce uma má gestão. Se você não foi treinado para ser um gerente eficaz, provavelmente está adotando condutas incorretas de gerenciamento.

3. **Jovens supervisores realizam suas funções, quer você os tenha treinado ou não.** A verdade é que, quando alguém é colocado na posição de gestor, ele tenta gerenciar – tenha ou não recebido treinamento para fazê-lo de forma eficaz. Mais uma vez, é grande a probabilidade de que maus hábitos de gerenciamento estejam sendo praticados e que os funcionários supervisionados não estejam satisfeitos. Esse tipo de situação pode gerar diversos resultados negativos para os colaboradores e para empresa, como a redução do moral da equipe, a diminuição do engajamento e o aumento do absenteísmo, entre outras coisas.

O que fazer se você acabou de se tornar um gerente e não recebeu nenhum tipo de treinamento sobre liderança ou de como ser um gestor?

Leia este livro. E coloque tudo em prática.

Este livro é um guia completo com tudo que você precisa saber para se tornar um bom gerente. E, embora tenha sido escrito para um novo gerente, também pode servir como forma de atualização para qualquer gerente, não importa o quão experiente seja.

Embora a tecnologia e as mudanças demográficas tenham transformado consideravelmente os locais de trabalho nas últimas décadas, as noções básicas de gerenciamento permanecem as mesmas. Os funcionários sabem o que querem de seus gerentes e, definitivamente, sabem o que não querem. Em 2018, o LinkedIn Learning divulgou os resultados de uma pesquisa com cerca de 3 mil profissionais que responderam à seguinte pergunta: "Qual é a pior característica que um gerente pode ter?" As quatro características mais citadas de chefes ruins foram:

1. Ter diretrizes pouco claras ou que mudam com frequência (20%).
2. Microgerenciamento (12%).
3. Ser indiferente e não se envolver (11%).
4. Não fomentar o desenvolvimento profissional (11%).[3]

Em um artigo postado no LinkedIn explicando os resultados da pesquisa, a especialista em treinamento de liderança Elizabeth McLeod avaliou a principal característica dos chefes ruins:

A falta de diretrizes claras é a causa raiz do mau desempenho. Os líderes muitas vezes pensam que são claros, mas os dados nos contam uma história diferente. Os funcionários precisam saber por que algo é importante (seu propósito) e ter ciência do padrão: saber o que é de fato considerado como bom (expectativa do desempenho desejado). Mostre-me um líder que costuma dizer: "Eu não deveria ter que explicar, parece-me óbvio" e nós vamos lhe mostrar uma equipe confusa.[4]

Este livro é sobre como se tornar um bom chefe – um gestor eficaz e um grande líder. Espero que você o aproveite ao máximo. Para mais informações sobre gestão e liderança, dê uma olhada em meus mais de 1.500 artigos publicados no Inc.com (The Leadership Guy): https://www.inc.com/author/peter-economy.

Desejo-lhe boa sorte em sua jornada como novo gerente!

Parte I

ENTÃO, AGORA VOCÊ É O CHEFE

Para agregar valor aos outros, é preciso primeiro valorizar os outros.

— JOHN MAXWELL, autor e palestrante de liderança

Tornar-se gerente pode ser uma experiência estressante e confusa para qualquer pessoa que nunca tenha supervisionado ou gerenciado outra pessoa. Mas as coisas não precisam ser assim. Qualquer um pode se tornar um gerente eficaz usando as ferramentas certas e dispondo de alguma experiência. Nesta parte, exploraremos os fundamentos para se tornar um gerente eficaz e criar uma organização de alto desempenho. Os tópicos abordados incluem:

- O que fazem os gerentes.
- Estabelecendo objetivos.

- Medir e comunicar o desempenho ao funcionário.
- Criar uma organização que aprende.
- Montar equipes e realizar trabalhos em equipe.

1
Os Gerentes Fazem Isso (Não Aquilo)

Administrar é fazer as coisas da maneira correta; liderar é fazer as coisas certas.

– PETER DRUCKER, guru da administração

Há uma antiga espécie de controvérsia sobre o que os gerentes fazem e como isso difere do que os líderes fazem – se é que essa diferença existe de fato. Essa controvérsia pode ser resumida na citação apresentada acima, do guru da administração Peter Drucker. De acordo com Drucker, o trabalho do gerente é realizar as tarefas que lhe são designadas da maneira correta, ou seja, da maneira certa e com excelência. Entretanto, Drucker sugere que a função do líder é ser seletivo quanto às atribuições que decide assumir – fazer apenas as coisas certas (e, presumo, fazer essas coisas certas da maneira certa).

Embora eu entenda a perspectiva de Drucker, não acredito que a gestão e a liderança sejam excludentes. Os melhores gestores que conheço também são os melhores líderes. Eles combinam os dois trabalhos perfeitamente, fazendo a transição da gestão para a liderança – e vice-versa – conforme exigido pela tarefa em questão.

A palavra *gerenciamento* tem sido tradicionalmente definida como "a realização de trabalho por meio de outros". São as questões rotineiras da administração de uma equipe, departamento ou organização. A *liderança*, por outro lado, é considerada algo emocional – e inspirador. Considere estas citações sobre o poder da liderança:

> *Meu trabalho não é ser agradável com as pessoas. Meu trabalho é pegar pessoas incríveis que temos aqui e pressioná-las para torná-las ainda melhores.*
>
> – STEVE JOBS, cofundador da Apple

> *Você administra coisas; você lidera pessoas.*
>
> – ALMIRANTE GRACE MURRAY HOPPER, cientista da computação

> *A primeira responsabilidade de um líder é definir a realidade. A última é dizer obrigado. Entre esses pontos, o líder é um servidor.*
>
> – MAX DE PREE, ex-CEO, Herman Miller

Neste livro, vou lhe mostrar as ferramentas necessárias para se tonar um bom gestor *e* um grande líder.

Para alguns de vocês, ter se tornado gerente foi uma grande surpresa. Um dia você estava trabalhando em seu projeto no escritório – um colaborador qualificado da equipe – e

20

no outro é informado que foi designado para gerenciar a equipe. De repente, seu trabalho mudou completamente. Em vez de apenas fazer o trabalho, você também precisa motivar e liderar outras pessoas para que o trabalho delas seja feito.

Provavelmente, você vai ter que aprender a gerenciar na prática, sem nenhum treinamento formal de gestão. Se esse for o caso, terá que se espelhar em suas experiências anteriores – observando, por exemplo, seu chefe em busca de dicas de como ser um gerente. Também observará outros gestores para ver como eles gerenciam e lideram seus subordinados e a empresa.

Você pode aprender em primeira mão, com mentores e professores qualificados, a gerenciar pessoas, fazer as coisas certas para sua organização e atender de forma adequada os clientes.

Mas, do mesmo modo que é possível aprender com outras pessoas formas corretas de gerenciamento e liderança, também é possível aprender maneiras erradas de gerenciar colegas e equipes. Nenhuma organização é perfeita, e exemplos de má gestão podem ser encontrados em todos os lugares: desde supervisores que insistem em microgerenciar suas equipes até chefes que não conseguem se comunicar adequadamente com os funcionários.

Observe os gerentes ao seu redor, tanto dentro da sua organização quanto em outras. Eles usam de intimidação e medo para obter resultados? Quando chegam para trabalhar, os funcionários estão estimulados e motivados ou parecem desinteressados? Preste atenção no que você vê e reflita sobre as diferentes ações que vai tomar para atingir os resultados que deseja.

Não é bom que o gerente faça todo o trabalho que inicialmente foi designado para um funcionário ou que tente tomar todas as decisões sozinho. Parte do trabalho de qualquer gerente é dimensionar seu impacto em toda a empresa. Isso é feito delegando e dando autoridade aos funcionários, para depois cobrá-los pelas tarefas pelas quais são responsáveis.

Antes de entrarmos nos detalhes sobre como delegar trabalho (assunto que será discutido em maiores detalhes no Capítulo 7), vamos primeiro dar uma olhada nas quatro coisas que todo grande gerente deve fazer.

Se você teve aulas de administração no colégio ou na faculdade, deve se lembrar das quatro funções "clássicas" da administração: planejar, organizar, liderar e controlar. A base de como um gerente realiza o trabalho é composta por essas quatro funções básicas, e elas podem ajudá-lo nas suas tarefas de gerenciamento do dia a dia.

No entanto, acredito que essas quatro funções clássicas de gestão não reflitam a realidade dos novos locais de trabalho, que se baseia em uma parceria inteiramente nova entre trabalhadores e gestores. Essa parceria é muito mais colaborativa do que no passado, com funcionários e gestores trabalhando juntos para atingir os objetivos da organização. Felizmente, o tempo em que os gestores comandavam o local de trabalho, dando ordens aos funcionários e infligindo medo, ficou para trás.

QUATRO COISAS QUE TODO GRANDE GERENTE FAZ ATUALMENTE

Dá autonomia

Você se lembra de um momento em que estava realizando alguma tarefa e seu chefe questionava todas as suas decisões – ficava olhando por cima do seu ombro e lhe perguntando por que estava fazendo tudo o que fazia? Esse tipo de microgerenciamento não mobiliza nem mesmo o melhor dos funcionários. Ao contrário disso, faz com que se fechem e fiquem esperando que o chefe os instrua em cada movimento que fazem. Em vez de se envolverem no trabalho, eles simplesmente não se comprometem. Vamos examinar mais de perto o baixo nível de engajamento de funcionários no Capítulo 14.

Os melhores gerentes da atualidade dão autonomia aos seus subordinados, estabelecem uma infraestrutura corporativa (criação de equipes, treinamento de habilidades, entre outras) e criam uma cultura que apoia a autonomia, queiram eles ou não. É essencial que você crie um ambiente que dê possibilidades e incentive cada funcionário a dar o melhor de si no trabalho.

Incentiva

Os gerentes sabem como fazer coisas boas acontecerem – para si, para os que trabalham para eles e para a empresa. E geralmente trazem consigo habilidades técnicas, capacidade de organização e ética de trabalho para seu cargo de gerente. Mas a única qualidade que transforma bons gerentes em grandes gestores é esta: eles sabem incentivar outras pessoas. Você já trabalhou para alguém que estimulou sua energia natural? Ao idealizar e comunicar a visão dele de quão inspiradora e expressiva a organização é, e de qual poderia ser o seu papel dentro desse cenário, é possível que tenha conduzido você a um estado de ânimo elevado e extraído seu melhor.

Os melhores gestores inspiram e estimulam funcionários e colegas – liberando a energia natural de cada um. Não sugam a energia da organização, como fazem os maus gerentes, mas a canalizam e a amplificam. Um gerente do século XXI sabe como transmitir o entusiasmo que sente em relação à empresa e objetivos claros aos funcionários. Fazem isso de forma que possam ser compreendidos e admirados.

Comunica-se

Você já deve saber, por experiência própria, quais são os efeitos positivos gerados na empresa quando gestores se comunicam de maneira eficaz com os subordinados. Por outro lado, você também pode estar familiarizado com os efeitos negativos que podem ocorrer quando os gestores se comunicam mal. Quando gestores não conseguem se comunicar de maneira eficaz – em relação às atribuições, acompanhamento dos projetos ou definição de metas – estão deixando de lado uma função crítica de gerenciamento e reduzindo o envolvimento dos funcionários.

Comunicação é vital para qualquer empresa, e é uma função essencial do gerente moderno. Com a velocidade dos negócios em constante aceleração, os gerentes devem transmitir informações da forma mais rápida possível aos funcionários. Na verdade, os avanços tecnológicos atuais oferecem ao gerente uma ampla variedade de maneiras para se comunicar com os subordinados e enviar as mensagens, seja por *e-mail*, mensagens de texto, *tweets*, videoconferências, entre outros meios.

Apoia

Seu papel como gerente não é vigiar os subordinados, mas apoiá-los. Em vez de ficar em cima deles como um cão de guarda ou um detetive, o gerente deve ser como um treinador e um motivador da equipe – inspirar os funcionários – para que tenham bom desempenho e sejam mais produtivos do que jamais poderiam imaginar.

Gerentes que apoiam os subordinados sabem que não se trata de ter todos os holofotes focados nas próprias realizações. Não estão preocupados em receber a atenção dos outros. Em vez disso, enaltecem as realizações de funcionários – estão focados em fornecer treinamento e recursos para os colaboradores, e em lhes dar autonomia para que tomem decisões e sejam capazes de fazer as coisas acontecerem.

É claro que alguém vai acabar errando de vez em quando, mas, afinal, como se aprende sem errar? O mais importante é que, mesmo que o subordinado cometa erros, os bons gestores estendem a mão e oferecem ajuda.

QUE ESTILO DE GESTÃO VOCÊ DEVE ADOTAR?

Mais do que acontece em outros cargos, a maneira como você escolhe fazer seu trabalho como gerente pode ter, e na maior parte das vezes tem, um tremendo efeito nas pessoas ao seu redor. Um estilo de gerenciamento pode inspirar seu pessoal e deixá-los animados e comprometidos com o trabalho, enquanto outro estilo pode fazer com que percam o interesse e fiquem desanimados.

Por isso é tão importante escolher seu estilo de gestão com sabedoria.

Pense em como seu atual ou ex-gerente ou chefe trabalha. Que estilo *ele* adota para o gerenciamento? Como a abordagem definida por ele faz *você* se sentir? E quanto aos seus colegas de trabalho? Esse estilo traz à tona seu melhor e o melhor nas pessoas com quem trabalha, ou faz com que percam a motivação?

Vamos dar uma olhada em três diferentes estilos de gerenciamento.

O Estilo de Gestão da Teoria X

Você acredita que gerenciar é algo que faz *para* as pessoas, em vez de algo que faz *com* elas? Nesse caso, você pode se identificar com o que é comumente chamado de *Teoria X de gerenciamento*. Essa abordagem de gestão pressupõe que pessoas não se motivam para o trabalho por conta própria. Por isso, gerentes que acreditam nesse estilo podem lançar mão da intimidação e do medo como meios para atingir objetivos e resultados.

Tenha cuidado, pois embora ameaças e ultimatos possam surtir efeito a curto prazo, quase sempre acabam gerando declínio no desempenho a longo prazo. Funcionários insatisfeitos simplesmente pedem demissão e procuram novos empregos ou até pior, se aposentam por acreditar que seu desempenho é muito fraco.

Os gerentes devem assumir o comando de suas organizações – essa é uma parte importante do trabalho – mas não de uma forma que afaste os funcionários ou desobrigue-os de seu trabalho. Então, certifique-se de que as pessoas são responsáveis pelos resultados e que metas estão sendo alcançadas. Mas lembre-se de manter o respeito e uma comunicação clara com a equipe. Afinal, a maioria dos funcionários que deixam os cargos o fazem por causa de ações negativas de seu supervisor ou gerente direto.

O Estilo de Gestão da Teoria Y

Algumas pessoas acreditam que a *Teoria Y de gerenciamento* é a melhor abordagem a ser adotada pelos administradores. Essa abordagem pressupõe que as pessoas de fato desejam fazer um bom trabalho, e podem e devem ser dignas de confiança para desempenhá-lo. O gerente que adota esse estilo é sensível aos sentimentos, à autoestima e à tranquilidade dos funcionários.

Como gerente, você pode obter uma resposta positiva ao usar essa abordagem, mas com toda a probabilidade não vai conseguir resultados consistentemente melhores. E por que não? Porque sempre haverá alguém (talvez mais de uma pessoa) que se aproveita de chefes que adotam o estilo de gestão da Teoria Y. Podem chegar atrasados para o trabalho, se ausentar muitas vezes por doenças, não atingir os objetivos e, geralmente, se tornam funcionários displicentes. Se o comportamento desses colaboradores não for corrigido, você será o responsável pelo fracasso da empresa.

Como encontrar o equilíbrio entre a Teoria X e a Teoria Y

Ao decidir qual estilo de gestão adotar, tenha em mente que o equilíbrio é fundamental. O estilo de gestão que adotar pode ser situacional, ou seja, pode (e deve) mudar dependendo da situação ou da pessoa com quem está lidando. Ser um gestor equilibrado é remover obstáculos da empresa, criar um ambiente de trabalho onde os funcionários possam alcançar seus objetivos e gastar mais tempo e energia dedicando-se à função mais importante de um gerente: inspirar todos a fazerem o seu melhor.

Mas também significa acompanhar o progresso dos colaboradores em suas metas, fazer reuniões regulares para verificar se estão atingindo metas ou entender por que não estão e, em seguida, ajudá-los a corrigir as falhas. Os funcionários devem ser responsáveis pelo próprio desempenho – ou pela falta dele – e você, como gerente, deve responsabilizá-los pelos compromissos que assumiram com você, com a organização, com os clientes e com os *stakeholders* (partes interessadas).

Em última análise, você deseja que todos em sua organização sintam que estão vencendo. Assim que se afastar e deixar seus subordinados trabalharem sozinhos, você ficará livre para lidar com os problemas organizacionais da sua empresa (por exemplo, obstáculos burocráticos, sistemas desatualizados, políticas ruins, entre outros). Embora alguns funcionários possam se sentir compelidos a competir com os colegas por um pedaço maior do bolo, seu trabalho é simplesmente criar um bolo maior para que todos possam desfrutar.

A CHAVE PARA SER UM BOM GERENTE

Se foi escolhido para ser gerente, provavelmente tem algum conhecimento na área que foi designado para gerenciar. Por exemplo, você pode ser um caixa de banco selecionado para supervisionar outros caixas. Ou um programador de *software* que recebeu a tarefa de liderar uma equipe.

Antes um funcionário, agora responsável pelo trabalho dos funcionários. Como pode ter percebido, isso requer um conjunto totalmente diferente de habilidades em relação a quando precisava realizar tarefas. Você vai precisar, por exemplo, utilizar habilidades de organização, planejamento e liderança. Para entender melhor as implicações da sua nova função, veja a seguir os segredos para ser um bom gerente.

Mantenha a mente aberta

Empresas que empregam a velha maneira hierárquica de fazer negócios e não incentivam os funcionários a desenvolver ideias e dar sugestões não têm chance contra organizações que valorizam a inovação e a divulgação de ideias. Nunca se sabe de onde virão as melhores ideias, e muitas vezes são as pessoas mais próximas dos clientes que têm as melhores ideias para atender às necessidades deles. Incentive seu pessoal a assumir riscos, a mudar as coisas e a buscar novas maneiras de atender os clientes. Esteja aberto a novos procedimentos e possibilidades. Quando fizer isso, os funcionários ficarão dispostos a dar o melhor de si e, como consequência dessas ações, sua organização e clientes serão beneficiados.

Dedique o tempo necessário para tomar boas decisões

Todo negócio exige que decisões sejam tomadas constantemente. Algumas decisões – por exemplo, em que momento um funcionário deve começar seu intervalo, se daqui a dez ou quinze minutos – podem ter pouco impacto nos negócios como um todo. Outras decisões – como concretizar ou não uma aquisição multibilionária de um concorrente, por exemplo – terão um grande impacto e de longo prazo sobre os negócios e seus funcionários, clientes, fornecedores, acionistas, comunidade e outros *stakeholders*. A boa tomada de decisões é uma habilidade empresarial essencial que a maioria das pessoas infelizmente adquire apenas por tentativa e erro, e não por meio de treinamentos.

Seu trabalho como gerente é tomar decisões. Algumas das piores decisões são tomadas com pressa. Gerentes eficazes demoram para tomar uma boa decisão. Eles não recorrem a soluções excessivamente rápidas e sempre consideram todas as opções. Soluções de gerenciamento tendem a ser consideradas decisões de bom senso, mas o que é desafiador e demorado é transformar bom senso em prática.

Crie uma cultura que valoriza a iniciativa

A linha que separa gestores e subordinados já foi bem mais nítida, muitas vezes traçada a partir do medo e da intimidação. Mas o cenário atual dos novos negócios envolve mudanças em grande escala, às vezes até de escala global. Com isso, funcionários de todos os níveis – não apenas do topo – agora estão assumindo responsabilidades que antes eram consideradas domínio exclusivo de supervisores e gerentes. Ao criar uma cultura que valoriza a proatividade na empresa, você dá autonomia e cativa cada um dos funcionários, e isso vai incentivá-los a se dedicarem ao máximo.

Construa e mantenha a confiança

A confiança é uma via de mão dupla. Como gerente, você precisa confiar que seus subordinados farão um bom trabalho, e eles precisam saber que podem confiar em você para cuidar dos interesses deles. Quando você constrói pontes de confiança com seu pessoal, eles se envolvem mais no trabalho, ficam dispostos a assumir riscos, a dar sugestões e fazer com que sua organização prospere. Se deseja que sua organização sobreviva e prospere no futuro (e tenho certeza de que sim), a confiança é a base sólida para isso. Certifique-se de acompanhar o desempenho dos funcionários e o progresso do trabalho deles para que atinjam as metas. Confie, mas fiscalize.

2
É Hora de Definir Metas

Feito é melhor que perfeito.
– SHERYL SANDBERG, COO, Facebook

O mundo é seu! Você pode ir a qualquer lugar. Na verdade, ainda que não faça absolutamente nada, chegará em algum lugar.

Esse mundo de possibilidades pode parecer atraente à primeira vista. Mas, como gerente, você não quer ir a *qualquer lugar*. Quer que sua liderança conduza a todos a um lugar importante e significativo – quer ir para *algum lugar*. E para isso acontecer, a primeira coisa que precisa fazer como gerente é decidir aonde quer levar sua organização e, em seguida, formular planos para chegar ao seu destino.

Digamos que você deseja criar um novo produto e espera ter conquistado uma fatia de mercado considerável um ano após o lançamento. Que tipo de plano o ajudará a atingir os resultados desejados? Uma criação sem plano algum, ou muito pouco planejada? Uma oração? Um plano estruturado com metas definidas? Eu colocaria meu dinheiro na última opção. Não tem certeza de qual é a resposta correta? Talvez você precise se lembrar da importância dos objetivos. Para se chegar a um lugar específico é preciso definir metas, e aqui estão as principais razões para isso:

Metas deixam sua visão mais realista. Seja qual for a sua visão, você terá que alcançá-la em várias pequenas etapas. Não espere anunciar sua grande visão em uma segunda-feira e alcançá-la dentro de 24 horas. Se deseja concretizar sua visão, deve definir e cumprir uma série de pequenas metas antes de atingir grandes resultados.

Metas levam a um propósito. Dê a seus subordinados algo pelo qual trabalhar. Metas diversificadas (metas além daquelas comuns de desempenho) os motivarão, vão desafiá-los e exigir que estejam preparados quando do for necessário algum esforço extra para que as metas sejam atingidas.

Metas ajudam a medir o progresso. Como você pode saber onde está se não sabe de onde veio nem para onde está indo? As metas são como marcações em um mapa. À medida que fizer sua jornada em direção ao destino final, as metas indicarão o quão longe você precisa ir e o quanto já caminhou.

Metas ajudam as equipes a saberem o que fazer. Discuta as metas com a sua equipe para que todos saibam como usar seus pontos fortes e, assim, ajudá-los a atingir seus objetivos. Definir tarefas, decidir quem cuidará de cada uma delas e determinar o que se espera de cada um são etapas necessárias que você deve realizar como gerente. E para que isso seja feito, basta estabelecer metas com seu pessoal.

Metas dão direção à organização. Ao definir metas, você ajuda sua empresa a estabelecer melhor aonde quer chegar. E, ao traduzir sua visão em metas, garante que não vai desperdiçar incontáveis horas percorrendo um caminho errado.

Para que as metas sejam eficazes, elas devem estar diretamente ligadas a você e ao objetivo final da sua equipe. Para se manter à frente da concorrência, empresas criam visões cativantes dos objetivos para que os funcionários e a administração trabalhem juntos na definição e no cumprimento das metas.

Lembre-se de que bons objetivos têm estas características em comum:

- São tangíveis, mas representam desafios para todos os envolvidos.
- São claros, detalhados, bem definidos e, acima de tudo, em número reduzido.
- Envolvem outras pessoas. Nenhum objetivo de uma organização pode ser alcançado apenas por uma pessoa! Envolva outras pessoas de sua equipe para se comprometerem e colaborarem no estabeleci-

mento e no cumprimento das metas. Isso vai colocar sua organização no caminho mais rápido em direção ao sucesso.

METAS INTELIGENTES *VERSUS* METAS CLARAS

Metas INTELIGENTES são usadas há décadas por empresários, seja na vida pessoal ou profissional. Essa forma para definir metas nos permite implementar e lembrar de uma maneira simples os elementos mais importantes e necessários para que objetivos fiquem claros.

Aqui está a definição de meta INTELIGENTE:

Específica: Uma meta não pode ser ambígua, e deve ser clara.

Mensurável: Você deve ser capaz de medir os resultados de alguma forma, por exemplo, o número de novos clientes a cada mês ou a porcentagem de conclusão de uma tarefa específica.

Tangível: Uma meta deve ser realista, prática e possível de ser alcançada por um funcionário comum.

Relevante: A visão geral da sua organização deve estar alinhada às suas metas.

Prazo: Uma meta deve ter seu tempo de duração bem definido, com uma data inicial e uma data final.

Sabemos que uma meta INTELIGENTE deverá conduzi-lo na direção dos seus objetivos, para isso é imprescindível que você seja absolutamente claro sobre o que deseja conquistar.

No entanto, essa maneira de definir metas INTELIGENTES não conseguiu acompanhar as rápidas mudanças do nosso tempo. Um número cada vez maior de empresários já percebeu isso, bem como inúmeros medalhistas olímpicos.

Adam Kreek, um palestrante motivacional e membro da equipe canadense de remo vencedora da medalha de ouro nos Jogos Olímpicos de Pequim, em 2008, sabe muito sobre como estabelecer metas. Agora como empresário, Adam acredita que, como a maioria das empresas se encontra em um ambiente mais ágil e rápido, o local de trabalho hoje exige um novo método para definição de metas. A fim de fornecer um esquema de ação, Adam desenvolveu o conceito de metas claras:

Colaborativa: As metas devem incentivar os funcionários a trabalhar de maneira colaborativa e em equipe.

Delimitada: as metas devem ser circunscritas, tanto em relação ao escopo quanto ao prazo.

Emocional: As metas devem estabelecer uma conexão emocional com os funcionários e explorar a energia e a paixão deles.

Reduzida: Metas mais amplas devem ser divididas em metas menores para que possam ser concretizadas de forma mais rápida e fácil, proporcionando ganhos de longo prazo.

Ajustável: Estabeleça metas com um objetivo determinado e duradouro, mas, conforme novas situações ou informações surgirem, dê a si mesmo permissão para refinar e modificar suas metas.[1]

Se deseja conseguir bons resultados ao definir objetivos, primeiro deve se adaptar às constantes e rápidas mudanças dos novos mercados e negócios que vemos ocorrer atualmente em escala global. Considere usar a abordagem das metas claras de Adam Kreek para definir metas daqui para a frente. Tenho certeza de que você vai obter resultados positivos quando começar a utilizá-las.

OS MELHORES OBJETIVOS SÃO BREVES E AGRADÁVEIS

A situação a seguir lhe parece familiar?

Imagine que você e sua equipe tenham agendado vários dias para se dedicarem exclusivamente ao planejamento de longo prazo.

Vocês ficaram por horas em uma reunião, se jogaram de cabeça e deram o melhor de si no desenvolvimento de um plano infalível. Todos falaram sobre como melhorar o andamento dos projetos e aumentar a qualidade do atendimento ao cliente. Todos os membros da equipe tentaram responder aos mesmos questionamentos: *Quais são os objetivos da empresa? Como a empresa poderá saber que as metas foram alcançadas?*

Quando a última reunião de planejamento é concluída, você e sua equipe parabenizam uns aos outros e trocam tapinhas nas costas pelo bom trabalho. E, apesar de todo esse esforço, em pouco tempo essa reunião vai ser esquecida e os negócios vão seguir como antes. Não desperdice seu trabalho. Ao gastar tempo e energia definindo metas, certifique-se de definir números realistas. Não é possível se concentrar em mais do que algumas poucas metas – isso simplesmente não é viável. Se o número de metas definidas for algo administrável e você se concentrar em apenas algumas, vai ser capaz de concluí-las antes de passar para as próximas.

Quando se trata de definir metas, menos é mais.

Mas como você sabe que está selecionando as metas corretas para sua empresa? E quanto à *quantidade* de metas? Estas diretrizes vão fornecer as respostas para suas perguntas:

Se concentre em duas ou três metas. Embora vivamos em um mundo multitarefas, ainda não é possível fazer tudo ao mesmo tempo, e seria tolice esperar que seus subordinados fizessem isso. Apenas tente finalizar algumas metas por vez. Definir muitos objetivos vai dispersar seu esforço e o da sua equipe – e gerar resultados negativos.

Escolha metas relevantes. A duração de dia de trabalho é limitada, então concentre seus esforços nas metas que trarão os melhores resultados para o seu negócio. Selecione as metas que vão aproximar a empresa do sucesso que você imaginou para ela.

Concentre-se na missão da sua empresa. Algumas metas são interessantes, divertidas, desafiadoras e difíceis de resistir. Mas não perca tempo com elas se essas metas forem totalmente irrelevantes para a missão da sua empresa. Concentre seus esforços – e os esforços da sua equipe – exclusivamente nas metas que contribuírem para a missão da organização.

Revisite seus objetivos e os atualize conforme for necessário. Os negócios são imprevisíveis e cheios de mudanças, e por isso é imprescindível rever regularmente suas metas. Agende revisões trimestrais ou semestrais. Se necessário, revise os objetivos da empresa, para garantir que as metas ainda sejam relevantes e importantes para o funcionamento da organização – hoje e no futuro.

Definir metas e pensar no futuro pode ser emocionante. Mas quando ficamos muito entusiasmados com as metas, podemos criar um número demasiado delas e sobrecarregar nossa equipe e a nós mesmos. Lembre-se de que o sucesso da gestão envolve encontrar oportunidades e desafios diários, e não mensurar um sucesso atrás do outro. Melhore sua empresa concentrando seus esforços nas metas mais significativas, em vez de colocá-los em muitas metas.

DIVULGAR AS METAS PARA SUA EQUIPE

Qual é a eficácia de uma meta que ninguém sabe que existe? Se você deseja que uma meta seja alcançada de maneira rápida e que o trabalho fique bem-feito, é necessário que todos saibam qual é essa meta, para que possam ajudá-lo a alcançá-la.

Isso também é válido no local de trabalho. Ao divulgar metas aos funcionários, certifique-se de comunicá-las com clareza e de que sejam compreendidas e cumpridas dentro do prazo.

Além de divulgar as metas da sua organização, é imperativo que você também comunique a *visão* da organização – o objetivo no horizonte distante, pelo qual todos da organização estão trabalhando. Comunique a visão da organização o máximo de vezes possível na empresa e para todos os envolvidos (por exemplo, fornecedores, clientes etc.).

Mas é provável que organizações cometam deslizes. Às vezes, os gerentes passam tanto tempo desenvolvendo a visão da empresa que se cansam dela, tornando-a enfadonha e sem vida. Em outras, as organizações demoram tanto para comunicar a visão que quando ela finalmente chega aos funcionários da linha de frente já está obsoleta.

Para demonstrar que você se preocupa com a visão da organização, comunique suas metas com um senso de urgência e energia. Veja a seguir algumas maneiras usuais de comunicar a visão da empresa aos funcionários – e a todos envolvidos:

- Reafirme a visão abertamente e com orgulho em *sites* corporativos ou outras mídias sociais.
- Escreva a visão em itens tangíveis, como crachás, cartões de visita, pôsteres, entre outros.

- Faça reuniões para funcionários com esse fim e comunique a visão da organização em apresentações motivacionais.
- Faça com que os gerentes apresentem a visão da organização em reuniões ou durante as entrevistas de emprego.

Diferentemente da visão, as metas são direcionadas apenas a alguns funcionários e departamentos específicos. Use meios mais diretos e formais para comunicá-las. Veja a seguir algumas dicas:

- Registre as metas por escrito.
- Apresente e atribua as metas aos seus subordinados um a um em reuniões individuais.
- Reúna sua equipe para apresentar as metas e explicar o papel da equipe, bem como a função de cada indivíduo. Certifique-se de que todas as partes envolvidas conheçam suas responsabilidades para a conclusão de cada meta.
- Faça cada funcionário se comprometer com o trabalho na conclusão das metas e peça que preparem e apresentem planos e prazos. Acompanhe a evolução dos trabalhos e ajude-os com quaisquer problemas.

3

Quer Garantir que os Funcionários Realizem seu Trabalho? Avalie e Comunique

Ser um bom chefe, na maioria das vezes, é contratar pessoas talentosas e não atrapalhá-las.

– TINA FEY, atriz

Em última análise, o trabalho de um gerente – novato ou veterano – é realizar tarefas por meio das outras pessoas. Você faz isso contratando bons funcionários, estabelecendo metas e não atrapalhando a execução de seu trabalho. Se eles atingiram seus objetivos e provaram que têm as habilidades necessárias para fazer o trabalho, então você poderá lhes atribuir mais tarefas, transferir responsabilidade e dar autoridade. E vai ficar seguro de que se sairão bem. Se por algum motivo eles não alcançarem seus objetivos, no entanto, você terá um problema.

A questão é: por que eles não alcançaram suas metas? Há algum obstáculo organizacional os impedindo? O orçamento é insuficiente? Sua equipe não tem o treinamento necessário para fazer a tarefa? Os funcionários de outros departamentos estão criando obstáculos que precisam ser eliminados?

Nos dias de hoje, você vai ouvir a palavra *executar* com frequência no mundo dos negócios. Nos negócios, executar quer dizer: desempenhar bem e concluir uma tarefa. Em essência, executar significa transformar objetivos em ações.

Mas como você, gerente, deve verificar o progresso de um funcionário na execução das tarefas? Qual deve ser seu primeiro passo?

Primeiro, você precisa definir o que é o sucesso. Como quantificar uma meta de maneira precisa e mensurável? Medir o desempenho em termos de quantidade é importante. Isso elimina a confusão dos funcionários sobre a qualidade do desempenho deles ou se precisam melhorar. Ao quantificar metas, certifique-se de não deixar nada aberto à imaginação. Você deve deixar bem claro para supervisores e funcionários o que significa executar bem uma tarefa.

As características das metas vão determinar como você irá monitorar e medir o desempenho de um funcionário. As metas podem ser medidas em termos de unidades produzidas ou entregues de produtos (por exemplo, uma proposta de venda ou um relatório) ou em termos de tempo. Por exemplo, suponha que sua meta seja começar a publicar uma *newsletter* mensal antes do final do terceiro trimestre. Você mede o desempenho para a conclusão dessa meta usando a data específica em que o boletim informativo foi implementado. Se o ano vai de janeiro a dezembro e o boletim informativo foi publicado em setembro, a meta foi alcançada com sucesso. Se a publicação do boletim atrasou até dezembro, então a meta não foi atingida, uma vez que o boletim foi publicado no quarto trimestre, e não no terceiro.

Reconhecer o progresso de um funcionário em direção à execução da meta é tão importante quanto saber quando ele de fato a atingiu. Por exemplo, digamos que a meta dos vendedores é aumentar o número médio de itens vendidos por dia de sessenta para cem. Acompanhe o progresso das transações e publique resumos semanais da contagem das vendas diárias de cada funcionário. Em seguida, elogie o progresso deles conforme se aproximarem da meta final.

O segredo para medir e monitorar o progresso e o desempenho dos funcionários é dar constantes *feedbacks* positivos. Dar *feedback* positivo os incentiva a continuarem com o comportamento que você deseja; dar *feedback* negativo apenas desestimula um comportamento que você não deseja. Veja a seguir alguns exemplos:

- Em vez de calcular o número de remessas atrasadas, calcule o número de remessas enviadas.
- Em vez de calcular o número de dias de afastamento por doença de um funcionário, calcule o número de dias de trabalho dele.
- Em vez de calcular a quantidade de itens defeituosos, calcule a quantidade de itens bem montados.

Com relação a divulgar ou não o *feedback* de desempenho do seu pessoal, o melhor é publicar abertamente o desempenho da equipe como um todo para que todos possam ver. Você terá mais chances de obter os resultados desejados se mantiver os dados individuais de desempenho fechados e os dados de desempenho do grupo (média de dias de atraso, faturamento total, entre outros) abertos para todos. Afinal, seu objetivo é fazer com que a equipe trabalhe em conjunto para melhorar.

Tenha cuidado para não constranger seus funcionários. Quando for necessário corrigi-los para que melhorem o desempenho, dê conselhos e os instrua individualmente e de forma privada. Isso vai ajudá-los, e eles vão se sentir gratos.

CRIAR MEDIDAS DE DESEMPENHO

Se as metas não são medidas e monitoradas com eficácia, como você ou seus funcionários vão alcançá-las? Uma dica: isso não é possível. Quando estiver projetando um sistema para avaliar o desempenho das pessoas em relação às metas, há quatro coisas importantes para ficar de olho: marcos, ação, relacionamento e prazos.

Marcos

Toda meta deve ter um ponto de partida, um ponto final e pontos intermediários para mensurarmos o progresso. Pontos de verificação, marcadores e eventos podem atuar como *marcos* que informam você e seus funcionários sobre quanto progresso foi feito e quanto vocês devem evoluir para alcançar a meta final.

Por exemplo, suponha que você estabeleceu a meta de fazer um evento corporativo dentro de três meses. O quarto marco no caminho para o seu objetivo de conclusão do evento é enviar um depósito de locação até o dia 5 de março. Se o depósito foi feito em 28 de fevereiro, você terá certeza de que o planejamento para o evento está adiantado.

Ações

Ações são as atividades específicas que um funcionário executa para passar de um marco para o seguinte. Cada ação os deixa cada vez mais perto de alcançar marcos no caminho para a conclusão das metas. No exemplo anterior de um evento corporativo, chegar ao quarto marco pode exigir as seguintes ações:

- Pesquisar locais disponíveis na área selecionada.
- Criar uma planilha comparando características e custos dos locais.
- Enviar o orçamento do evento para o gerente.

Relacionamentos

Marcos e ações interagem entre si por meio de *relacionamentos*, que moldam o sequenciamento e a ordem adequada das atividades que você precisa realizar no caminho até a execução da meta. Embora nem sempre seja necessária uma sequência, a conclusão de certas ações antes de outras pode levar a uma execução mais eficaz e rápida das metas.

Na lista anterior de ações necessárias para atingir o quarto marco do projeto, você deseja que os funcionários apresentem um orçamento com os custos do evento somente após os locais disponíveis terem sido pesquisados e comparados. Essas ações levarão à seleção do local e ao envio do depósito de locação do local.

Prazos

Certifique-se de determinar a distância entre os marcos e quanto tempo deve levar para que um determinado projeto seja concluído. Faça uma estimativa do *prazo* de cada ação para planejar e estabelecer um prazo adequado para a conclusão do projeto. Quanto tempo demora para fazer relatórios de despesas razoavelmente precisos? O processo de agendamento das reuniões necessárias é demorado? É importante responder a essas perguntas quando você considerar as ações necessárias para cumprir os prazos dos marcos.

POR QUE COMUNICAR O DESEMPENHO AOS FUNCIONÁRIOS?

Conduzir avaliações regulares de desempenho para funcionários pode parecer uma parte enfadonha ou não tão divertida do trabalho de um gerente, mas é absolutamente essencial. Todos nós precisamos de *feedback* para saber se estamos tendo um bom desempenho e para identificar as áreas em que precisamos melhorar.

Considere as seguintes oportunidades que surgem naturalmente a partir do processo de avaliação de desempenho:

Uma oportunidade para falar sobre desempenhos anteriores e expectativas de desempenhos futuros: Os funcionários querem saber se estão fazendo um bom trabalho. Com avaliações de desempenho, os gerentes são encorajados (alguns podem dizer até forçados) a comunicar as expectativas de desempenho e os resultados – bons ou maus – de cada funcionário.

Uma oportunidade para desenvolvimento de carreira e planejamento de metas: Discussões sobre o desenvolvimento da carreira podem ocorrer em uma reunião à parte, mas a avaliação de desempenho é um ótimo momento para discutir os pontos fortes (e fracos) dos funcionários e sobre como eles podem utilizar essas informações para impulsionar suas carreiras e atingir seus objetivos.

Uma oportunidade para criar documentação formal: Os funcionários podem receber muitos *feedbacks* de desempenho, mas geralmente são informais. "É sério? Você de fato enviou aquele relatório?" A maioria dos *feedbacks* informais são verbais e não ficam documentados. Se você deseja demitir ou promover um funcionário, é crucial que baseie ao máximo sua decisão em documentos formais e escritos.

Uma oportunidade para comunicação e esclarecimentos: Às vezes, gestores e funcionários estão ocupados demais com tarefas do cotidiano para conseguir definir e comunicar de forma adequada quais são as expectativas dos funcionários. As avaliações de desempenho dão ao empregador e ao funcionário a chance de comparar as anotações das tarefas e priorizar o que precisa ser feito.

COMO CONDUZIR UMA ÓTIMA ANÁLISE DE DESEMPENHO

Infelizmente, muitos gerentes encaram as avaliações de desempenho como algo a ser feito o mais rápido possível – ou a ser adiado o máximo possível. No entanto, quando o gerente não tem paciência para concluir essas avaliações de forma adequada, ele deixa de ser meticuloso com a tarefa. O resultado disso é um *feedback* de desempenho impreciso, incompleto e sem sentido. E quando esse exercício crítico de gerenciamento é mal feito, os funcionários não conseguem melhorar o desempenho, e as metas estabelecidas pelos gerentes podem nunca ser atingidas.

O processo de avaliação de desempenho vai além de seus aspectos formais e escritos – não há necessidade de encarar essas avaliações como um fardo entediante do qual você precisa se livrar no final de cada trimestre ou de cada ano. Sim, fazer avaliações de desempenho é trabalhoso, mas quando você as faz – e as faz bem – vale a pena.

Veja a seguir quatro etapas para a realização de ótimas avaliações de desempenho:

Etapa 1: Defina padrões e metas. Após definir as metas e expectativas em relação a cada funcionário, você deve comunicar tudo da forma mais clara possível antes de começar a fazer as avaliações – não depois. Informe-os sobre os padrões de qualidade exigidos assim que começarem a trabalhar.

Etapa 2: Dê *feedbacks* individuais regularmente. O *feedback* é mais eficaz quando realizado com regularidade. Se você vir algum de seus funcionários fazendo algo correto, informe-o na mesma hora. Isso também vale para quando estiverem fazendo algo errado. Em última análise, você eliminará as surpresas das avaliações formais de desempenho fornecendo *feedbacks* claros e regulares.

Etapa 3: Prepare avaliações de desempenho por escrito e formais com o auxílio do seu funcionário. A avaliação formal de desempenho deve resumir as expectativas e metas dos funcionários. Para tornar esse processo mais envolvente, peça que façam suas próprias avaliações e, paralelamente, elabore as suas. Em seguida, em reunião, discuta as semelhanças e diferenças entre as duas avaliações. Marque reuniões individuais com os funcionários para falar sobre as avaliações de desempenho; eles vão apreciar o contato pessoal.

Etapa 4: Defina novas metas e novos padrões de qualidade. As avaliações de desempenho oferecem oportunidades para verificar o que está funcionando e o que não está. Com base nessas descobertas, você poderá definir novas metas e sua expectativa em relação à próxima fase do trabalho.

Veja a seguir mais algumas dicas importantes que um gerente deve ter em mente.

- Elimine a possibilidade de surpresas conversando com frequência com os funcionários, especialmente quando se trata de fornecer *feedbacks* informais.
- Olhe para o futuro levando em consideração o processo de avaliação de desempenho e certifique-se de abordar tanto o aprendizado quanto o desenvolvimento.
- Concentre-se no futuro em vez de olhar para trás. Estabeleça novas metas para melhorar o desempenho. Os funcionários não podem mudar o passado, mas podem aprender e melhorar.

COMO FAZER O TRABALHO CORRETO DE PREPARAÇÃO

Nem todas as avaliações de funcionários recebem a atenção e a dedicação que merecem. Na realidade, a avaliação do desempenho dos funcionários é uma tarefa que perdura o ano todo, não é apenas o formulário de três páginas que você preenche uma vez por ano. No entanto, alguns gerentes ainda não conseguem escrever avaliações significativas e perspicazes, e outros transformam essas reuniões importantes em apresentações unilaterais em vez de diálogos abertos.

Portanto, você deve estar bem preparado para esse importante exercício de gerenciamento. Evite esses erros comuns, e com certeza aproveitará ao máximo as avaliações de desempenho, tanto para si mesmo quanto para seus funcionários.

Comparações: O desempenho de cada funcionário deve ser avaliado individualmente. Fique atento para não avaliar dois funcionários ao mesmo tempo, pois um colaborador de alto desempenho pode fazer com que o outro aparente ter baixo desempenho, quando colocados lado a lado.

Espelhar: Sejamos honestos, tendemos a gostar mais de pessoas que são mais parecidas conosco. Mas se você se identificar com um funcionário que tem os mesmos interesses, *hobbies* e gostos que os seus, pode fazer uma avaliação não tão justa quanto deveria. Evite favorecer alguém apenas por ser mais parecido com você.

O cara/a garota legal: O período de avaliação de desempenho não é uma época agradável para a maioria dos gerentes. Quem quer apontar falhas de funcionários e discutir sobre essas deficiências? Mas lembre-se de que os funcionários precisam ouvir tanto as coisas boas como as ruins. Caso contrário, não vão evoluir.

Efeito halo ou efeito de influência: Às vezes, um funcionário pode ser fenomenal em uma área de desempenho, fazendo com que você ignore os problemas que ele pode ter em outras áreas (efeito halo). Por outro lado, você pode ficar tentado a permitir que uma área problemática ou de baixo desempenho afete negativamente a maneira como avalia o desempenho de um funcionário (efeito de influência). Não permita que esses efeitos interfiram na forma como avalia seus funcionários.

4
De Volta às Aulas: Crie Uma Organização que Aprende

Sucesso em gestão exige aprender de forma tão rápida quanto a velocidade com que o mundo está mudando.

– WARREN BENNIS, especialista em liderança

Não é segredo que o ambiente de negócios atual está mudando cada vez mais rápido. Isso significa que devemos aprender mais rápido do que nunca para sermos capazes pelo menos de acompanhar, ou ficar à frente, dessas mudanças. Estamos vivendo e trabalhando em um mundo "VICA", onde a volatilidade, a incerteza, a complexidade e a ambiguidade reinam nos negócios. Se deseja sobreviver e prosperar nesse ambiente, deve preparar seus funcionários para que aprendam constantemente. Mas não só isso, eles também devem saber aplicar o que aprenderam para resolver problemas e desafios futuros e conseguirem aproveitar as oportunidades que surgirem.

O que sua organização faz com as novas informações? Absorve-as, desenvolve conhecimento e coloca tudo em prática? Ou seus funcionários aprendem coisas novas em um dia e as esquecem no dia seguinte? Como gerente, uma de suas prioridades é criar e liderar uma organização que aprende, que aplica o conhecimento de forma eficaz e consistente para realizar as mudanças necessárias para o futuro.

Uma organização que aprende é criada em resposta a mudanças no mundo. Devido à imprevisibilidade do mercado global de hoje, empresas mais inteligentes aprendem e se adaptam a qualquer mudança que esteja acontecendo. Ao mesmo tempo, mudanças dentro de uma organização também devem ocorrer. Gerentes de organizações que aprendem sabem que as mudanças apresentam grandes oportunidades, e não apenas problemas e desafios.

Conduzir mudanças é o principal foco do gerente em uma organização que aprende; reagir a mudanças é um comportamento destinado para organizações mais tradicionais, menos flexíveis e mais estáticas.

Você quer que sua organização prospere em um cenário rápido e em constante transformação como o que vemos nos dias atuais? Para criar uma organização que aprende, faça o seguinte:

Seja objetivo: Durante a carreira profissional, você com certeza se deparou com gerentes que baseiam suas decisões em emoções. Em vez de analisar fatos de maneira objetiva e trabalhar em prol da equipe, esses gerentes tentam agradar o alto escalão – pessoas com poder e influência na hierarquia organizacional, na esperança de conseguir algum tipo de tratamento especial. Evite ser esse tipo de gerente. Busque a objetividade no seu processo de tomada de decisão, isso incentiva seus funcionários a serem mais objetivos também. E vai ajudar a todos.

Crie um ambiente amistoso: Como uma organização pode aprender se nenhum funcionário se sente confortável para se abrir e ser transparente? Uma organização que aprende é uma organização amigável, é uma empresa em que funcionários se sentem seguros o bastante para comunicar seus pensamentos e ideias. Qualquer gerente que deseja criar uma empresa bem-sucedida em relação ao aprendizado organizacional deve eliminar qualquer obstáculo que impeça a comunicação aberta entre você, seus funcionários, os demais gerentes e colegas de trabalho.

Recompense comportamentos corretos: Isso parece simples, mas é absolutamente essencial. Para criar uma organização que aprende de maneira consistente, é preciso recompensar comportamentos que estejam alinhados aos objetivos e às metas da organização. Isso significa que é seu dever incentivar um funcionário que trabalhe em equipe e esteja praticando a objetividade a persistir na prática assim que tomar ciência do fato.

PENSAMENTO SISTEMÁTICO

Escolas mais antigas de gestão exigiam que gerentes resolvessem problemas assim que eles surgissem. Digamos, por exemplo, que um funcionário não esteja tendo um bom desempenho. O gerente deveria consertar o problema na hora – corrigir o defeito o mais rápido possível. Na verdade, sempre que surgia um problema, o gerente pensava que se resolvesse aquela situação, tudo ficaria bem.

Infelizmente, esse estilo de gerenciamento pode ser considerado uma "técnica Band-Aid – um método que ignora questões subjacentes e valoriza soluções de curto prazo. Mas os gestores agora sabem que tratar os sintomas da empresa não trará nada de construtivo para a resolução dos verdadeiros problemas. O termo pensamento sistêmico descreve a metodologia atual, que é a compreensão de como um evento ou falha afeta toda a organização, não apenas indivíduos ou departamentos.

Vejamos a teoria de gestão Peter Senge, professor do MIT, que fez contribuições importantes na área do pensamento sistêmico em organizações que aprendem. De acordo com Senge, "a liderança em uma organização que aprende começa com o princípio da tensão criativa".[1] A tensão criativa é o resultado natural da lacuna entre nossa visão do futuro e nossa realidade atual. Essa tensão cria energia e direção para impulsionar a organização.

Peter Senge indica cinco coisas que um gerente deve fazer se quiser aplicar com sucesso o pensamento sistêmico:

Pare de culpar os outros: Diz Senge, "... são sistemas mal projetados, e não indivíduos incompetentes ou desmotivados, que causam a maioria dos problemas organizacionais". Gerentes eficazes não culpam os funcionários... eles vão ao cerne do problema e trabalham para consertar as falhas encontradas nos sistemas ou na estrutura da organização.

Ignore soluções rápidas: Lembre-se de que tratar a raiz das falhas organizacionais deve ser seu principal foco. O tratamento dos sintomas leva a soluções de curto prazo, quando na verdade você precisa de soluções de longo prazo.

Foque nos maiores ganhos: Onde você pode colocar o mínimo esforço possível e, ao mesmo tempo, fazer as melhorias mais significativas? Talvez o resultado mais eficaz e duradouro esteja nos pequenos ajustes e soluções. Diz Senge: "Enfrentar um problema difícil geralmente é uma questão de ver onde está o ponto de alavancagem, onde uma mudança – que requer o mínimo de esforço – traria melhorias significativas e duradouras".

Saiba que incidentes não são algo isolado: O pensamento sistêmico exige que você olhe para as coisas de uma perspectiva mais ampla e entenda que todos os eventos e mudanças estão interligados. Os problemas não estão desconectados. Na verdade, eles têm impacto em toda a organização.

Saiba discernir entre os dois tipos de complexidade: O pensamento sistêmico também lida com a complexidade de incidentes e ações. A *complexidade dos detalhes* envolve muitas variáveis, enquanto a *complexidade dinâmica* ocorre quando os efeitos das ações de um gerente não ficam aparentes de imediato para os funcionários. De acordo com Senge, "a alavancagem na maioria das situações de gerenciamento está na compreensão da complexidade dinâmica, e não na complexidade dos detalhes".

OBSTÁCULOS À APRENDIZAGEM

O caminho para ter um negócio ou uma empresa que usa novas informações para obter ganhos durante uma época de rápidas mudanças é cheio de obstáculos. Consolidar uma organização que aprende têm seus desafios, isso ocorre porque as empresas costumam ser muito resistentes ao aprendizado e/ou em considerar novas práticas. De políticas desnecessárias e burocracia a funcionários que preferem permanecer na zona de conforto, muitos fatores afetam o quanto uma organização é capaz e está disposta a aprender.

Mas o maior obstáculo para o aprendizado de uma organização não é nenhum desses. Na realidade, ele é a própria equipe de gerentes da organização.

O que acontece normalmente quando uma empresa de grande porte está em apuros? Quando a organização enfrenta uma crise, os membros da equipe da alta administração começam a fazer o básico para não errarem, não serem culpabilizados e não perderem os empregos. Se você prestar atenção ao noticiário sobre negócios, provavelmente vai se deparar com notícias de CEOs que tiveram que renunciar ao cargo assim que a empresa se deparou com problemas graves e em grande escala. O novo CEO então remove os membros restantes da equipe executiva e instala sua própria equipe de executivos.

Essa pode ser, na verdade, uma boa maneira de forçar a aprendizagem em uma organização que se mostra reticente a fazer mudanças. Trocar a alta administração é talvez uma das maneiras mais rápidas de fazer uma organização abandonar práticas e hábitos ruins que sufocaram o aprendizado, a inovação e o sucesso. Isso é importante porque, quando as organizações estão em crise, elas devem eliminar rapidamente os maus hábitos para mudar de situação. No entanto, os maus hábitos estão geralmente enraizados nas operações da empresa, muitas vezes encorajados (de forma consciente ou não) por gerentes e supervisores em exercício. Não é fácil se livrar dos velhos hábitos. Se uma equipe executiva tem medo de abraçar uma mudança benéfica, então essa equipe não é capaz de liderar uma organização em direção ao sucesso.

Vamos olhar para um ponto de mutação na história da fabricante de computadores Apple. Em 1994, o ex-CEO Michael Spindler conseguiu aumentar as vendas reduzindo custos de produção, baixando os preços dos produtos e demitindo 2 mil funcionários. Mas apesar desse esforço, que gerou um aumento substancial nas vendas, Spindler e sua equipe não foram capazes de realizar mudanças substanciais que levassem à aquisição da Apple por uma empresa maior. Eles tentaram vender a Apple para grandes empresas como IBM e Hewlett--Packard, mas não tiveram sucesso. Essas tentativas fracassadas de vender a empresa deixaram os investidores e compradores corporativos preocupados. A Apple era realmente viável a longo prazo? Enquanto tentavam responder a essa pergunta, os pedidos de produtos da Apple ou atrasavam ou eram substituídos por PCs produzidos por outras empresas.

Enquanto isso, o cofundador da Apple, Steve Jobs, notou uma mudança significativa em como a empresa poderia se posicionar no mercado de computadores pessoais. A Apple havia sido capaz de se diferenciar das outras opções de PCs disponíveis no mercado (que eram normalmente menos potentes e mais baratos) devido à sua liderança em áreas de tecnologia, inovação e *design*. Como Jobs percebeu, "a Apple não falhou... Fomos tão bem-sucedidos que fizemos com que todos tivessem o mesmo sonho... O problema é que o sonho não evoluiu. A Apple parou de criar".[3]

O que isso significava? Que conforme os concorrentes começaram a imitar os produtos e tecnologias da Apple, seus consumidores não encontraram mais nenhuma justificativa para pagar pelos preços exorbitantes da Apple. A vantagem competitiva tecnológica da qual a Apple antes dispunha começou a desaparecer.

Em 31 de janeiro de 1996, quando a empresa precisou de uma grande mudança, a Apple substituiu Spindler pelo novo CEO, Gilbert Amelio. Amelio contratou um novo diretor financeiro e um novo diretor administrativo, e criou um cargo totalmente novo, chamado vice-presidente de plataformas de

Internet, com o objetivo de coordenar e implementar novas estratégias de Internet para a Apple. Depois que Amelio dispensou os antigos executivos e contratou os novos, a Apple transformou-se e eliminou os péssimos hábitos e práticas que a impediam de crescer.

 Felizmente, há outras maneiras além de dispensar seus executivos ou equipes de gerenciamento para que a empresa elimine os maus hábitos. Se você não quer fazer parte de um processo custoso e demorado de mudança de gestão, crie uma organização que aprende. Ao fazer isso, seus funcionários aprenderão como responder às mudanças e se adaptar a elas, e os gerentes se sentirão mais seguros quanto à estabilidade de seus empregos.

INICIAR UM PROGRAMA DE MELHORIA DA QUALIDADE

Vender produtos e serviços de alta qualidade é uma das coisas mais importantes que uma empresa pode fazer. Não seguir essa diretriz pode ameaçar a saúde e a viabilidade da sua organização a longo prazo. Gerentes bem-sucedidos sabem que é preciso ter um programa de melhoria da qualidade se quiserem fornecer produtos e serviços da mais alta qualidade.

 Mas nem todos os programas de melhoria da qualidade são bons. Se você deseja criar um programa de melhoria da qualidade duradouro e eficaz, siga as seguintes etapas antes de lançá-lo:

Etapa 1: Consiga apoio da diretoria. Os executivos do alto escalão não precisam apenas estar cientes do seu programa de melhoria da qualidade, mas também devem apoiar e incentivar ativamente sua implementação. Explique a eles os benefícios de tal programa para os resultados financeiros da empresa.

Etapa 2: Inicie um comitê de supervisão. Composto por funcionários de diferentes níveis e departamentos, esse comitê estabelece o processo e as práticas para o recebimento de sugestões de melhoria dos funcionários. O comitê fica responsável por reportar as melhorias à diretoria.

Etapa 3: Estabeleça procedimentos e diretrizes. Existem muitos modelos de programa para se escolher, mas, em geral, todos eles têm as mesmas coisas em comum. Todos os programas de melhoria da qualidade bem-sucedidos contam com a participação e as sugestões dos funcionários. Analise todas as sugestões e as ordene por relevância. Faça a implementação e acompanhe o progresso ao longo do caminho. Procedimentos bem feitos e diretrizes adequadas ajudam no processo de melhorias da empresa.

Etapa 4: Mantenha seus funcionários informados. Quando você fizer um anúncio formal do programa para os funcionários, estará comunicando a eles que a organização está priorizando a melhoria contínua. Essas informações favorecem a autonomia dos funcionários, porque eles compreendem que receberam a autoridade necessária para fazer mudanças organizacionais.

Etapa 5: Analise os resultados do programa. De vez em quando, avalie a participação dos funcionários em seu programa e se ainda existem áreas problemáticas dentro da organização. Certifique-se de avaliar também o tempo e o dinheiro economizado, os sistemas melhorados e quaisquer outras melhorias geradas pelo programa. É assim que se garante que bons resultados foram atingidos.

5
O Trabalho em Equipe Torna o Sonho Possível

Sozinho, não há muito que se possa fazer; juntos, somos capazes de grandes coisas.

— HELEN KELLER, autora

Quantas decisões você toma em um dia normal do trabalho como gerente? Duas ou três? (Duvido.) Quinze a vinte e cinco? Isso é mais provável. Mais do que isso? Isso certamente é possível. Em um dia comum de trabalho, a maioria dos gestores toma muitas decisões. Algumas dessas decisões são mais importantes do que outras.

Dependendo da empresa em que você trabalha, do ramo de atuação dela e da sua posição na escala hierárquica, as decisões que você toma diariamente podem variar bastante. Essas decisões podem ser escolhas sobre o quanto deve ser investido em um novo produto, onde construir uma nova fábrica para produtos farmacêuticos, se sua empresa deve comprar tecnologia de terceiros ou alocar fundos significativos de pesquisa e desenvolvimento para desenvolvê-la internamente e ainda ter que definir como o bônus será distribuído entre os funcionários, qual será a carga de trabalho deles ou o local da festa de fim de ano da empresa, entre outros.

A função central de qualquer líder – seja de nível sênior, seja um gerente de projeto, chefe de departamento, supervisor ou, a cada dia mais, um funcionário da linha de frente – é tomar decisões. Faz parte da lista de atribuições da função, às vezes explicitada, e em outras não. Em todas as organizações, pessoas que tomam decisões fazem centenas ou até milhares de escolhas, grandes ou pequenas, todos os dias. A maioria das organizações está hoje em dia atribuindo autoridade para um grupo cada vez mais amplo de executivos e gerentes. Dividir a responsabilidade sobre as decisões funciona porque os funcionários na linha de frente em geral recebem mais informações e entendem os desafios peculiares da execução do trabalho.

No entanto, devemos receber treinamento adequado para que possamos desenvolver nossa capacidade de tomar boas decisões. Ao contrário do que se costuma dizer: "Todos nós aprendemos com nossos erros", a aprender apenas com nossos próprios erros é um processo muito lento. Precisamos aprender com os erros de todos – e também com os acertos – a fim de evitar erros desnecessários.

Embora a grande maioria das decisões tenha pouco impacto nos funcionários, clientes, fornecedores, acionistas ou nos negócios em geral (como, por exemplo, "Devo responder a essa mensagem de *e-mail* agora ou daqui a cinco minutos?" ou "Devo pedir ao meu assistente que faça uma cópia desses documentos ou faço eu mesmo?"), coletivamente essas pequenas decisões definem a cultura e a capacidade de desempenho de uma organização. Algumas decisões específicas, como decisões estratégicas, têm grande impacto, criando mudanças que transformarão para sempre o destino da empresa e dos funcionários, levando a organização a uma posição ruim, boa ou intermediária.

Talvez você pense que, como gerente, é responsável por todas as tomadas de decisão em seu departamento ou na organização. Afinal, você é o líder e deve dar as ordens, certo?

Os gerentes são os chefes e estão no comando, mas gerentes eficazes sabem como é valioso dar autonomia para as equipes. Muitos gerentes acham que somente eles podem tomar decisões que afetam diretamente os clientes ou os produtos de uma empresa. Mas nem sempre é assim.

Quando os funcionários e as equipes da linha de frente têm autoridade para atender os clientes e suas necessidades, os clientes são mais bem atendidos. Além disso, os gerentes ficam com mais tempo livre para realizar tarefas gerenciais, como planejamentos de longo prazo, mentorias e treinamentos.

DÊ AUTONOMIA PARA SUA EQUIPE

Dar autonomia à sua equipe também funciona como um incrível motivador do moral e da produtividade. Afinal, quando um gerente deixa que seus subordinados tomem decisões, eles ficam confiantes e se sentem capazes de contribuir para o sucesso da empresa, o que aumenta a lealdade deles frente à organização.

Em última análise, você terá uma empresa mais eficiente e mais eficaz se der autonomia às equipes e aos funcionários. Veja como fazer isso.

Foco na qualidade

Envolva sua equipe no processo de controle de qualidade da empresa para capacitá-la na tomada de boas decisões.

Na década de 1980, os gestores norte-americanos começaram a observar as empresas japonesas de sucesso, reconhecidas por seus produtos eletrônicos inovadores e pelos automóveis de alta qualidade. Esses gestores descobriram que muitos programas japoneses davam autonomia aos trabalhadores, incentivando-os a tomarem decisões relacionadas aos processos de trabalho. Por exemplo, a diretoria da Motorola permitiu que suas equipes se tornassem independentes, fizessem seu próprio planejamento de trabalho e decidissem como seriam treinadas.

Mantenha sua operação pequena e tenha mais agilidade

Se você é um competidor menor e mais ágil, tem uma vantagem sobre as grandes organizações do mercado. Afinal, as grandes organizações costumam ter canais de comunicação lentos, atraso no tempo de resposta e outros bloqueios burocráticos. Certifique-se de que sua empresa tenha pequenas equipes com autonomia para tomar decisões e agir sem necessidade de aprovação. Isso resultará em decisões melhores e mais rápidas, e tornará seus serviços e produtos mais eficientes.

Adapte-se para continuar inovador

Devido ao seu tamanho e flexibilidade, uma equipe é capaz de se adaptar rapidamente às mudanças internas ou externas da empresa. Além disso, a soma das habilidades e das perspectivas individuais do grupo pode fazer com que uma equipe gere mais inovação.

O conceito de funcionários de equipes apenas como encarregados da conclusão de projetos está ultrapassado. Atualmente, as equipes são essenciais para o desenvolvimento a longo prazo de todas as organizações.

DIFERENTES TIPOS DE EQUIPES PARA DIFERENTES TIPOS DE TAREFAS

Quando for montar uma equipe pela primeira vez, considere o tipo que deseja criar. Existem diferentes tipos de equipe para diferentes tipos de tarefas e para diferentes possíveis resultados a serem alcançados.

Reflita sobre os três principais tipos de equipe apresentados a seguir. Qual deles precisa de mais supervisão e qual se encaixa melhor nas necessidades da organização?

Formal

Criadas para atingir objetivos específicos, as equipes formais fornecem boa estrutura para fornecimento de *feedback* de desempenho, bem como atribuição clara de tarefas. As equipes formais têm:

Comitês: Os comitês são permanentes ou de longo prazo e executam tarefas organizacionais específicas sem prazo de conclusão definido. Por exemplo, as empresas têm comitês que se reúnem para planejar conferências anuais ou para selecionar funcionários para prêmios de desempenho trimestrais. Os comitês podem ter um quadro de integrantes variável, mas continuam operando ano após ano.

Equipes estruturadas: Essas equipes hierárquicas (por exemplo, equipes de gerentes, de executivos e assim por diante) consistem em um encarregado e subordinados que se reportam diretamente a essa pessoa.

Forças-tarefa: Se tiver questões ou problemas específicos que precisam ser resolvidos, provavelmente vai querer montar uma força-tarefa temporária. Essas equipes formais geralmente têm prazos para solucionar um problema e reportam-se à gerência. Depois de relatarem suas descobertas e solucionarem o problema, as equipes normalmente são dissolvidas.

Informal

Às vezes, equipes se formam de maneira natural nas organizações, sem uma intervenção direta. Você pode nem ficar sabendo sobre a existência delas. Se um grupo de funcionários almoça junto todos os dias ou se encontra durante ou depois do expediente, então uma equipe informal foi formada.

Embora uma equipe informal não receba metas ou tarefas, elas são extremamente importantes para as organizações.

As equipes informais oferecem aos funcionários uma maneira de desabafar sobre problemas ou encontrar soluções para problemas por meio de conversas informais e sem restrição. Além disso, equipes informais podem oferecer aos funcionários outra maneira de receber informações, além dos canais formais de comunicação.

Autogerenciada

Quer o melhor dos dois mundos? São as equipes autogerenciadas, chefiadas pela gerência. Essas equipes têm características formais e informais, e são compostas por membros que aceitam a responsabilidade pelas operações do dia a dia da equipe. Esse tipo de equipe é um excelente exemplo de uma administração disposta a dar aos trabalhadores mais autonomia e autoridade. Equipes autogerenciadas usualmente:

- São menores, pois equipes grandes tendem a apresentar problemas de comunicação.
- Têm autonomia para agir.
- São diversas, compostas por membros de diferentes departamentos que trazem consigo diferentes perspectivas.

Equipes autogerenciadas são capazes de encontrar soluções para problemas comuns dos trabalhadores e muitas vezes fazem contribuições importantes para o sucesso da empresa.

PONTOS-CHAVE PARA UM TRABALHO DE EQUIPE EFICAZ

Para que equipes possam render o máximo, elas devem ter permissão da diretoria, autoridade e autonomia para tomar decisões que afetam a organização em que trabalham. Mas como é possível saber se os funcionários de uma equipe têm de fato autonomia? Como ter certeza de que não está ocorrendo uma simples imitação? Equipes verdadeiramente autônomas geralmente:

- Definem suas metas e responsabilidades.
- Adicionam ou removem membros da equipe.
- Recebem gratificações em conjunto.
- Definem e realizam seu próprio treinamento.
- Honram suas decisões.

Infelizmente, equipes autônomas são uma raridade. Por isso, ainda há muito espaço para melhorias para muitas delas. Esse é particularmente o caso nas áreas de confiança intragrupo, conformidade nas ideias e no desempenho de funções e na eficiência do grupo como um todo. Para combater a ineficácia da equipe, siga as seguintes recomendações:

Foque na verdadeira autonomia: Um estudo com líderes de equipe, gestores e membros de equipes de várias empresas revelou que as equipes na realidade são mais participativas do que autônomas para tomar decisões. Ou seja, os membros participam das reuniões e das demais responsabilidades, mas não têm a autoridade necessária para tomar decisões importantes. Para evitar isso, considere fazer o seguinte para obter o máximo da sua equipe:

- Permita que os membros da equipe tomem decisões importantes de longo prazo.
- Permita que os membros da equipe selecionem seus líderes.
- Defenda abertamente sua equipe.

Prepare o terreno para uma equipe mais efetiva: Embora seja necessário afastar-se da rotina da equipe, você pode criar as condições para o sucesso dela:

- Dê permissão para que a equipe advirta membros que apresentarem mau desempenho.
- Certifique-se de que os líderes e os membros da equipe estejam bem treinados.
- Reconheça todas as contribuições individuais e da equipe.

Elimine o conflito pela raiz: Como gestor, você deve estar disposto a conviver com os resultados das equipes que ajuda a montar. Veja a melhor forma de aceitar qualquer situação:

- Trabalhe para unificar as visões do gestor e dos membros da equipe.
- Reconheça a existência dos conflitos de personalidade e trabalhe para reduzi-los.

- Forneça as ferramentas e os recursos adequados para toda a equipe.

Criar uma equipe autônoma não é algo que acontece do nada. Se você for persistente e direcionar seus esforços para garantir que seus subordinados tenham autonomia e autoridade, contará com uma equipe e uma empresa mais bem capacitadas, produtivas e bem-sucedidas.

A ARTE E A CIÊNCIA DE REALIZAR BOAS REUNIÕES

Em uma pesquisa realizada há alguns anos, a Microsoft descobriu que as pessoas gastam mais de cinco horas e meia por semana em reuniões e que 71% dos trabalhadores norte-americanos disseram que as reuniões das quais participam "não são muito produtivas".[1] Isso é um problema. Embora muitos funcionários presentes nas reuniões só estejam pensando em voltar rapidamente para as mesas abarrotadas de trabalho, outros estão sonhando acordados ou verificando se há alguma mensagem em seus *smartphones*.

Existem diversas maneiras de uma reunião dar errado. Apesar disso, reuniões são uma parte fundamental para as equipes se organizarem e são essenciais para qualquer organização. O segredo é promover reuniões produtivas.

Talvez você não se dê conta disso, mas além de dominar as habilidades básicas do gerenciamento de equipes, é fundamental que domine também o gerenciamento de reuniões. Afinal, os membros de sua equipe precisam se comunicar entre si e conduzir os negócios, e isso acontece sobretudo nas reuniões.

Problemas comuns que devem ser evitados nas reuniões

Você sabia que há uma boa chance de que grande parte das reuniões realizadas em seu escritório tenham sido improdutivas? De acordo com um estudo da Accountemps, aproximadamente 25% do tempo gasto em reuniões é inútil e pura perda de tempo. Junte essa porcentagem ao fato de que cerca de 21% das horas de trabalho são gastas em reuniões – sendo que a alta gerência gasta ainda mais tempo com a prática – e você vai então começar a enxergar o quanto é importante aprender habilidades eficazes para conduzir reuniões e aplicá-las.[2]

Mas por que tantas reuniões dão tão errado nos dias de hoje? Veja a seguir alguns dos possíveis motivos:

Reuniões muito longas: Muitos gerentes usam o tempo destinado à reunião tratando de temas irrelevantes para o negócio em questão. Você percebe que uma reunião que poderia ter acabado em apenas vinte minutos se transforma em uma reunião de sessenta minutos – simplesmente porque uma reunião de sessenta minutos havia sido agendada.

Excesso de reuniões: Quando você está passando por um momento complicado, pode precisar de muitas reuniões para manter todos a par de tudo. Mas com certeza não vai precisar de tantas reuniões quando as coisas não estão tão turbulentas. Se você faz muitas reuniões e não tem resultados, agende menos reuniões e veja o que acontece.

Os participantes estão despreparados: Se os participantes da reunião não estiverem adequadamente preparados de antemão, poderão se perder ao longo da reunião. Certifique-se de que eles tenham feito a lição de casa antes de dar início à reunião.

Falta de foco: Os participantes podem perder o foco se não estiverem preparados ou se os gerentes não conseguirem manter a pauta da reunião. De distrações a compromissos pessoais, há muitas maneiras de uma reunião sair do caminho programado.

Alguns poucos participantes dominam a reunião: Os participantes da reunião podem se sentir intimidados por outros membros mais extrovertidos e opinativos (sempre há um ou dois com essas características). Quando isso ocorre, a equipe fica com poucas perspectivas e as contribuições podem ser sufocadas.

PONTOS-CHAVE PARA UMA GRANDE REUNIÃO

Há muitas maneiras de uma reunião dar errado, porém existem etapas que podem ser seguidas para garantir que todas as reuniões deem certo. Veja como:

Seja pontual: A pontualidade é importante. Comece e termine as reuniões na hora certa. Isso é um bom exemplo, mostra que você é sério e que respeita o tempo das pessoas que estão participando.

Não foque em quem não vai: Em vez de pensar em quem você *não vai* chamar para participar da reunião, pense em quem *vai* chamar, e certifique-se de que os convidados tenham um bom motivo para participar.

Esteja preparado: Não seja aquele chefe que entra em uma reunião despreparado – não desperdice seu tempo e o dos outros enquanto tenta se atualizar. Esteja totalmente preparado antes do início da reunião.

Crie pautas: Pautas são importantes para uma reunião bem-sucedida. Elas fornecem aos participantes uma ideia prévia dos tópicos a serem discutidos, permitindo que se prepararem para a reunião com antecedência. Isso economiza tempo e melhora a produtividade.

Diminua a quantidade de reuniões: Este é de fato o caso em que qualidade é mais importante do que quantidade. Diminua o número de reuniões agendadas, mas aumente a qualidade das reuniões realizadas. Convoque reuniões apenas quando necessário. Nem a mais nem a menos.

Documente os pontos abordados: Crie um sistema infalível para documentar, resumir e atribuir tarefas às pessoas após a conclusão da reunião. *Flipcharts*, aplicativos e notas digitais são apenas algumas das ferramentas que podem ser usadas para documentar as tarefas a serem realizadas. Se quiser que as reuniões tenham propósito e direção, vai precisar criar, atribuir e acompanhar as tarefas. Gaste menos tempo falando e mais tempo fazendo.

Receba *feedbacks*: Como saber se a reunião foi eficaz sem ouvir a opinião dos participantes? Descubra onde você acertou e o que precisa ser melhorado para as próximas reuniões.

Não tenha medo de usar ferramentas: No mundo de hoje, existem muitos recursos e ferramentas que podem ser usadas para melhorar a dinâmica das reuniões. Entre eles, estão ferramentas de gerenciamento de projetos ou *sites* que ajudam a elaborar tarefas. Além disso, se um membro importante de sua equipe estiver trabalhando remotamente, você pode usar programas ou aplicativos de chamada de voz e vídeo pela Internet para realizar reuniões com eles. Entre essas ferramentas estão *Skype, Zoom, Google Hangouts* ou muitos outros aplicativos disponíveis no seu iPhone ou *smartphone* Android.

Parte II

HABILIDADES REALMENTE IMPORTANTES PARA O NOVO CHEFE

Você tem que reunir uma equipe que seja tão talentosa a ponto de quase deixá-lo desconfortável com isso.

– BRIAN CHESKY, cofundador, Airbnb

Gestores bem-sucedidos conseguem se destacar aplicando habilidades específicas para atingir seus objetivos. Quanto mais aprimoradas e praticadas forem essas habilidades, mais eficaz é o gestor. Nesta parte, vamos explorar as habilidades necessárias para que os gestores façam bem o seu trabalho e criem uma organização de alto desempenho. Os seguintes tópicos serão abordados aqui:

- Liderar.
- Delegar.
- Criar a visão e a missão.
- *Coaching* e mentoria.
- Como motivar funcionários nos dias de hoje.

6

Liderar é Inspirar Aqueles que Trabalham para Você e com Você

O chefe tem o título, o líder tem o povo.

—SIMON SINEK, autor

Se pensarmos em exemplos de grandes chefes, geralmente pensamos em homens e mulheres que são grandes líderes. De acordo com o velho ditado, não há nada de novo sob o sol. Com uma quantidade que parece infinita de novos livros sobre liderança sendo lançados todos os anos, talvez você possa achar que a teoria e a prática da liderança estão mudando. A verdade é que o que faz de alguém um *grande* líder não mudou muito ao longo dos anos.

Pense por um minuto a respeito de algumas das características dos grandes líderes. Eles são decididos, justos, carismáticos, honestos, bem informados, confiantes, e são especialistas em criar uma visão convincente do futuro. É difícil imaginar que esses traços – e outros deste tipo – sejam hoje diferentes do que eram para grandes líderes de décadas ou mesmo de séculos atrás. A natureza humana é a natureza humana, e ela não mudou muito desde que os primeiros humanos caminharam sobre a Terra, há milhões de anos.

Como gerente, você também é um líder. As pessoas buscam em você direção e inspiração para o trabalho delas. Sua organização espera que você mostre a elas o caminho. Sua comunidade espera que dê o exemplo a ser seguido. O mundo espera que faça de nosso planeta um lugar melhor para todos nós.

Suas políticas e seu ambiente de trabalho atraem os melhores e mais brilhantes do setor? E, tão importante quanto a primeira pergunta, esses funcionários permanecem motivados após você contratá-los? Eles são, de fato, uma parte importante da equipe? Você delega toda autoridade de que precisam para que façam seus trabalhos e confia que cumprirão com seus deveres? Você faz com que se sintam importantes e os parabeniza quando realizam um bom trabalho?

Se respondeu não a qualquer uma dessas perguntas, precisa aprimorar suas habilidades de liderança. Então, como você pode se tornar um líder melhor? O que é preciso para isso? Neste capítulo, vamos tratar de uma das funções mais importantes de qualquer gerente: liderar.

TRÊS COISAS QUE TODO GRANDE LÍDER FAZ ATUALMENTE

Há muitos anos, o especialista em gestão James MacGregor Burns escreveu: "Liderança é um dos fenômenos mais observados e menos compreendidos do planeta".[1] Na realidade, pessoalmente acredito que, hoje, a liderança é de fato um dos fenômenos mais observados e mais compreendidos do planeta. Sabemos como é o grande líder, sabemos o que é preciso para liderar e sabemos o que separa os grandes líderes dos líderes comuns.

Às vezes, temos a impressão de que nossos líderes favoritos simplesmente nasceram para liderar. E embora possa ser verdade que alguns deles nasceram com habilidades e capacidades de liderança inatas, isso não significa que a liderança esteja limitada àqueles que nasceram com as habilidades necessárias para tanto. A verdade é que *qualquer pessoa* tem a capacidade de aprender o que um líder faz e como aperfeiçoar suas habilidades de liderança.

Vamos considerar três coisas que todo grande líder faz atualmente:

Cria um ambiente encorajador

Um local de trabalho que pune o funcionário por dizer o que pensa ou por correr riscos e dizer a verdade não é um local de trabalho produtivo e certamente não é um ambiente no qual os trabalhadores queiram trabalhar. Alguns gerentes punem seus subordinados por discordarem dos supervisores de nível superior, por apontar erros e problemas ou mesmo por se manifestar. Esse é um grande erro para qualquer líder. Quando você intimida seus subordinados e usa o medo para tentar motivá-los, eles não apoiarão suas ideias e nem se empenharão para melhorar a empresa. Na verdade, farão de tudo para não criar nenhum problema para si mesmos.

Grandes líderes apoiam seus funcionários e criam um ambiente e uma cultura que encoraja novas iniciativas e não os pune. Quando o funcionário tem apoio do chefe, ele se sente seguro para correr riscos que poderão promover melhorias na empresa. Eles podem nem sempre ter sucesso – podem até falhar. Mas as lições aprendidas fazem a organização avançar passo a passo.

Abre canais de comunicação

É essencial que todo líder se comunique bem e de forma constante com seu pessoal. Os funcionários geralmente desejam ter voz ativa em suas organizações (e quem não gosta de ter?) e esperam que suas sugestões e perspectivas sejam ouvidas pelo chefe e por outros líderes. Para conquistar esse tipo de comprometimento dos funcionários, você deve se comunicar com eles com frequência, transparência e por meio de diferentes canais.

Para ter canais de comunicação eficientes, os gestores devem primeiro aprender a se comunicar melhor. Como explica Gil Amelio, ex-CEO da Apple:

O desenvolvimento de excelentes habilidades de comunicação é absolutamente essencial para uma liderança eficaz. O líder deve ser capaz de compartilhar conhecimentos e ideias para transmitir aos outros um senso de urgência e entusiasmo. Se um líder não consegue transmitir uma mensagem com clareza e motivar os outros a agirem de acordo com ela, essa mensagem perderá sua relevância.[2]

Uma boa liderança não é uma via de mão única. Ao contrário, é uma troca de ideias de mão dupla. Líderes refletem sobre sua visão e metas juntamente com seus funcionários. Todos compartilham suas ideias de como alcançar esses objetivos. O modelo antigo de cadeia de comando de gerenciamento não funciona mais porque a maioria dos profissionais não está disposta a receber ordens o dia todo. Se você acha que gestão e liderança eficaz se traduz em dar ordens a funcionários, está extremamente enganado.

Inspire e motive

Os trabalhadores mais produtivos, leais e motivados sentem orgulho da organização para a qual trabalham. Eles acreditam na organização e no que ela representa. Estão dispostos a se esforçar para que seu trabalho seja benfeito. Embora isso soe como uma versão idealista do local de trabalho moderno, também é uma realidade da qual muitos trabalhadores gostariam de fazer parte. É um local de trabalho altamente cativante e um ambiente no qual líderes inspiram seus funcionários a darem o melhor de si. Como disse certa vez o cofundador da Hewlett-Packard, Bill Hewlett: "Homens e mulheres querem realizar um bom trabalho, querem ser criativos e, se o ambiente for propício para isso, serão capazes de fazê-lo".[3]

Ao conhecer o verdadeiro valor dos funcionários, um líder pode elaborar as ações necessárias para o sucesso da empresa. Em última análise, um líder usa seus conhecimentos e habilidades para extrair a energia e a criatividade latentes que estão presentes em todos os profissionais.

Mas poucos gerentes dão o devido reconhecimento aos trabalhadores mais criativos. Na verdade, muitos nem mesmo reconhecem um funcionário que vai além das expectativas, porque em geral estão muito ocupados procurando por funcionários que façam exatamente o que lhes é mandado. Isso resulta em um local de trabalho pobre e sem inspiração – um ambiente sem inovação individual e progresso empresarial.

Mas quando um verdadeiro líder comanda uma organização, as ideias e a motivação dos trabalhadores raramente são desperdiçadas. Ao eliminar os obstáculos à criatividade, ao trazer orgulho, estabelecer e promover uma visão corporativa estimulante, os verdadeiros líderes estimulam a manifestação das habilidades e talentos inexplorados de seus funcionários. Os membros da equipe descobrem que têm uma iniciativa pessoal e uma energia que talvez desconhecessem, e os líderes descobrem a verdadeira capacidade de cada um dos seus subordinados e o que são capazes de realizar. Tanto os funcionários quanto os líderes costumam ficar bastante satisfeitos com os resultados desse processo.

Como gerente, aproveite a oportunidade de usar sua influência para criar energia positiva no local de trabalho, em vez de drená-la com entraves, políticas e burocracias. Conduza seus funcionários com sua visão e, em seguida, remova os obstáculos que os impedem de liberar todo o seu potencial. Lembre-se de que sua visão deve ser desafiadora, mas não impossível de ser alcançada.

QUATRO CARACTERÍSTICAS DE GRANDES LÍDERES

No novo ambiente de trabalho, a única constante é a mudança. À medida que empresas seguem se transformando (em todos os sentidos, a qualquer momento, o tempo todo), um grande líder se mantém seguro e inabalável.

Ainda que enfrentem mudanças difíceis, grandes líderes têm em comum certas características de liderança. Ao desenvolver suas próprias habilidades de líder, certifique-se de que as seguintes características façam parte do modo como você lidera:

Grandes líderes tomam decisões

A principal responsabilidade de um líder é tomar as decisões necessárias para conduzir a organização – e as pessoas que trabalham nela – na direção correta. Embora gerentes sejam contratados para desempenhar essa função, é comum que tenham medo de tomar decisões erradas. Como resultado, adiam tomadas de decisões – principalmente quando tais decisões são de suma importância.

Habilidades de decisão podem ser aprendidas e a qualidade delas pode ser melhorada. O desenvolvimento da ciência da tomada de decisões, que vem ocorrendo há séculos, e a aplicação prática dessas técnicas em pequenas e grandes organizações e em diversos setores diferentes, nas últimas duas décadas, provaram que existe uma maneira correta para a tomada de decisões – e muitas formas erradas de fazê-lo. O segredo é conhecer os requisitos fundamentais da qualidade da decisão e então aplicar sistematicamente esse conhecimento à suas decisões. A metodologia da qualidade da decisão vem sendo aprimorada há algumas décadas. Essas diretrizes são amplamente aplicadas nas grandes organizações, como no setor de petróleo e gás, e nas indústrias farmacêuticas, por exemplo, mas ainda são desconhecidas para a maioria dos executivos. Mesmo em organizações de setores em que algumas áreas tomam decisões fundamentadas, encontramos executivos de outras áreas cometendo erros antigos.

Grandes líderes têm a competência para tomar decisões. Às vezes, essas decisões precisam de mais análise e deliberação. Se for esse o caso, as decisões são tomadas de forma lenta e estratégica. Em outros casos, podem e devem ser rápidas. Não importa a natureza da decisão, a decisão precisa ser tomada. Lembre-se de que tomar decisões é uma de suas principais funções como líder – e como gerente.

Grandes líderes são íntegros

Integridade é uma das características que a maioria dos funcionários deseja em líderes. Quando líderes de uma organização se comportam com integridade – com valores, comportamento ético e senso de justiça – uma diferença genuína e positiva pode ser criada na vida de muitos, de clientes a funcionários. Quando os líderes dão exemplos de honestidade e integridade a serem seguidos pelos funcionários, recebem o mesmo comportamento em retorno, o que gera lealdade e cria um vínculo positivo com a organização ao longo do tempo.

Um terço ou mais das horas durante as quais um profissional permanece acordado são gastas no trabalho. É natural que as pessoas queiram passar parte desse tempo causando um impacto positivo na vida das pessoas, seja sua empresa produtora de produtos químicos prejudiciais à saúde, uma fábrica de utensílios de cozinha ou uma empresa de sushis. Em última análise, quando as pessoas trabalham para uma organização que tem bons valores e é liderada por homens e mulheres que valorizam a ética e a integridade, sentem-se incrivelmente satisfeitas com seu trabalho.

Grandes líderes são otimistas

Mesmo que um líder enfrente adversidades e passe por desafios profissionais na busca dos objetivos da organização, ele sempre vai enxergar um futuro promissor e repleto de oportunidades. Líderes otimistas não apenas influenciam seus funcionários, mas todos que se relacionam com essas pessoas positivas.

Na verdade, o otimismo é contagiante. Afinal, quem não gostaria de trabalhar para alguém que faz você se sentir bem consigo mesmo ou em relação a seu futuro? Gerentes pessimistas dificilmente são cativantes; sua negatividade desmotiva e esgota subordinados e colegas de trabalho. Mas um grande líder otimista pode transformar uma organização repleta de pessoas pessimistas em uma organização cheia de trabalhadores entusiasmados, produtivos e de moral elevado. Seja otimista – você não se vai se arrepender.

Grandes líderes são confiantes

Um grande líder dificilmente, ou nunca, vai duvidar da capacidade da sua equipe, pois sabe que ela é capaz de realizar qualquer coisa que ele planeje, e essa confiança leva ao sucesso. Na maioria das organizações, os funcionários refletem o comportamento dos líderes. Quando o líder confia em si e nas pessoas da sua equipe, seus funcionários também ficam confiantes.

É por isso que, como líder, você não deve ficar inseguro e nem hesitante – seus funcionários serão influenciados negativamente e também ficarão inseguros e hesitantes. Um líder confiante tem seguidores confiantes. Empresas com líderes confiantes no comando geralmente alcançam um padrão de sucesso que supera em muito a concorrência.

Portanto, siga em frente com confiança. Prepare-se e conheça a si mesmo. Com sua experiência, suas habilidades, seu trabalho árduo e seu talento, é natural que a confiança que você sente dentro de si seja reconhecida por todos ao seu redor.

UMA GRANDE LIDERANÇA COMEÇA COM A AUTOLIDERANÇA

Acredito enfaticamente na ideia de que uma grande liderança começa na autoliderança. Você não pode liderar os outros enquanto não liderar a si mesmo. *Autoliderança* significa compreender a si mesmo, compreender seus próprios valores e avaliar o que é mais importante para você. À medida que sua organização cresce, a equipe deve refletir sua ética, seus valores e suas crenças. Tudo isso se origina da autoliderança.

Enquanto você ainda é o único a liderar, pode estruturar seu negócio da maneira que quer. Você constrói a estrutura primeiro em sua mente, e ela se tornará a estrutura da organização à medida que os negócios crescem e você contrata novos funcionários. À medida que as contratações vão sendo feitas, todos precisam estar alinhados à sua visão e aos seus valores, que é naturalmente a visão e os valores da sua organização. Os novos contratados podem agregar experiência e talento, mas os valores dos novos funcionários precisam estar alinhados com você e com a sua liderança. À medida que a empresa crescer, é preciso que ela transmita esses valores.

Alan Mulally, ex-CEO da Ford Motor Company, teve que tomar decisões difíceis ao reformular sua empresa após a crise da indústria automotiva de 2008/2010. Ele sempre acreditou que um líder deve amar de verdade seus funcionários e clientes. O que diferencia um grande líder de um bom líder é que ele realmente se preocupa com o dia a dia das pessoas, tanto com o sucesso profissional quanto com o bem-estar pessoal deles. Quando se trata das pessoas com quem você trabalha, cuidado e atenção não podem ser apenas palavras vazias.

Grandes líderes amam as comunidades onde seus negócios estão instalados. Eles amam o mundo e querem torná-lo um lugar melhor. Veja o exemplo da Starbucks, que baniu os canudos de plástico em 2020.[4] Os executivos da empresa decidiram que, embora a mudança seja cara, vale a pena para o meio ambiente, para os clientes e para o futuro da Starbucks – uma empresa focada em sustentabilidade.

COMPARTILHANDO A LIDERANÇA COM OUTRAS PESSOAS

Em um número crescente de organizações, é cada vez mais comum que líderes compartilhem a liderança com os funcionários de diferentes níveis hierárquicos, desde a linha de frente até os níveis mais altos de executivos, passando por supervisores e gerentes. Quando renunciamos ao modelo tradicional de liderança – em que o líder está acima e os diversos níveis de supervisores vão aparecendo abaixo dele – criamos uma forma mais eficaz de liderança colaborativa.

A orquestra Orpheus Chamber, de Nova York, é uma das poucas orquestras que não contam com um maestro fixo. Em vez de ter apenas um líder, cada músico da Orpheus tem oportunidade de liderar – líderes surgem naturalmente a cada concerto que a orquestra decide tocar.

Para dividir a liderança com sua equipe e criar uma organização onde colaborar seja uma regra, e não uma exceção, considere fazer o mesmo que a orquestra Orpheus Chamber:

Dê autonomia às pessoas que executam o trabalho: Quando se trata de decisões que vão afetar diretamente os clientes, as melhores decisões são tomadas por aqueles funcionários que estão mais próximos deles.

Incentive a responsabilidade individual: Certifique-se de que os funcionários com maior autonomia assumam a responsabilidade pela qualidade do trabalho.

Defina bem as funções: Determine com clareza as funções e responsabilidades dos funcionários para que possam dividir com eficiência as funções de liderança com outras pessoas.

Compartilhe e alterne a liderança: Quando você compartilha e alterna a liderança, sua organização explora o potencial de todos os funcionários – especialmente daqueles que não fazem parte da cadeia de liderança.

Encoraje os trabalhos de equipe horizontal: Equipes horizontais, que ultrapassam os limites organizacionais e departamentais, são positivas, pois levantam as informações necessárias, tomam decisões e ajudam a fornecer respostas e soluções.

Aprenda a ouvir, aprenda a falar: Grandes líderes são ouvintes ativos e não têm medo de apresentar seu ponto de vista para os outros. Na liderança colaborativa, o líder ouve os outros e incentiva os funcionários a contribuírem com opiniões e ideias.

Busque o consenso: Os membros de uma equipe ou de uma empresa devem estar alinhados com a missão da organização e concordar em seguir juntos na mesma direção e ao mesmo tempo. Se houver algum impasse, será necessária uma metodologia para resolvê-lo.

Se apaixone por sua missão: Uma maneira de envolver outras pessoas no processo de liderança é inspirar paixão pela empresa. Demonstre sua paixão e inspire outros a se apaixonarem também. Isso vai afetar de forma positiva a vontade de liderar e o desempenho dos funcionários.[5]

Empresas não podem se dar ao luxo de limitar a liderança a algumas pessoas de nível hierárquico alto. Todos os funcionários podem assumir funções de liderança, tomar decisões, ajudar clientes e colegas, e melhorar políticas e procedimentos. Se sua organização conseguir extrair o máximo de cada funcionário por meio da liderança colaborativa, ela não apenas vai sobreviver e prosperar, mas sempre estará à frente da concorrência.

O AMBIENTE DE LIDERANÇA

Pesquisas atuais e exemplos reais em organizações mostram que líderes empresariais e políticos voltaram a aprender – muitas vezes da maneira mais difícil – sobre a natureza humana e os caminhos para o sucesso a longo prazo. As lições estão descritas neste livro, onde exploro essas estratégias, aprofundando o entendimento delas com exemplos e pesquisas atuais:

O mundo é um lugar perigoso. Qualquer empresa, por mais bem-sucedida que seja, pode se extinguir de uma hora para outra (ou pelo menos ficar marginalizada). Todos, dos líderes aos funcionários da linha de frente, devem estar atentos a ameaças e oportunidades que surgirem. Permitir uma cultura organizacional complacente, arrogante e que tenha um ambiente politicamente carregado reduzirá a força da empresa e a colocará em risco.

É preciso ter líderes fortes para administrar uma empresa, mas também é necessário mantê-los sob controle. As mesmas características que tornam a pessoa um grande líder, muitas vezes as afastam dos demais interesses de longo prazo da organização. Essa característica da natureza humana não deve ser usada como forma de acusação, mas ser aceita e discutida abertamente. Quando olhamos para os resultados de bons CEOs, de conselheiros e de equipes de gestão, a ideia de exigir força, mas ao mesmo tempo querer colaboração e controle desses líderes, soa como algo bastante positivo.

Pessoas de todos os níveis precisam estar engajadas para que a empresa seja bem-sucedida. É triste constatar que atualmente não é isso que acontece na maioria das organizações. Todos nós já ouvimos a pergunta: "O que há de bom para mim aqui?" Essa é uma pergunta muito importante para cada um dos *stakeholders* da organização. Para se investir qualquer coisa – capital, esforço, tempo – devemos sentir que, em última análise, haverá alguma vantagem para nós. Pesquisas confirmam que o esforço extra de cada pessoa pode resultar na diferença entre baixo desempenho e um grande sucesso. Isso significa construir práticas comerciais e sociais que maximizem o engajamento e a produtividade da força de trabalho.

Elementos externos, como clientes, parceiros ou concorrentes, são todos compostos por pessoas, estando, portanto, sujeitos à natureza humana. Gerenciar com cuidado a natureza humana permite que uma empresa gerencie bem as forças externas. O ambiente de negócios competitivo e em constante mudança dos dias atuais exige inter-relacionamentos complexos nas empresas, bem como manter o foco ajustado na preferência do cliente. Líderes com visão de longo prazo devem equilibrar os desejos e necessidades dessas partes externas de maneira a permitir que todos possam se beneficiar com o passar do tempo.

Sua marca é quem você é, não quem você diz ser. Uma marca pode aproximar pessoas e simbolizar empresas para o mundo de forma rápida e visceral – elas contribuem para o sucesso da empresa. Mas para que isso aconteça, funcionários, clientes e parceiros devem vivenciar o comportamento organizacional que complemente a imagem da marca e trazer à tona aquele "estalo de reconhecimento" que diz: "Sim, isso eu conheço".

As estruturas organizacionais não podem ser centralizadoras e nem descentralizadoras: devem dar espaço para ambas as possibilidades. Consultores de gestão ganham muito dinheiro ajudando empresas a organizarem suas estruturas de tomada de decisão. Centralizamos as decisões por um tempo e percebemos que a tomada de decisões está muito longe da origem dos negócios. Descentralizamos e percebemos que perdemos eficiência e foco. A chave é encontrar o equilíbrio ao longo do tempo. Certos problemas críticos para os negócios devem ser decisões centralizadas. Por quê? Porque a lucratividade da empresa pode ser conquistada ou perdida com base nessas decisões. As decisões não críticas para os negócios podem ser descentralizadas e atribuídas a equipes de funcionários. Líderes devem entender que não se deve centralizar ou descentralizar – é preciso fazer as duas coisas e ajustar o equilíbrio ao longo do tempo para manter o sucesso.

O mundo não é estático: apenas aqueles que evoluem sobrevivem. Os líderes devem permanecer fiéis às suas competências essenciais e desenvolver outras capacidades derivadas dessas habilidades com o passar do tempo. Os melhores líderes estão sempre se atualizando – não apenas para sobreviver, mas para prosperar. Da mesma forma, o mundo dos negócios fluído de hoje requer inovação e evolução constantes.

7

Delegar: Como Aproveitar ao Máximo sua Liderança

Decidir o que não fazer é tão importante quanto decidir o que fazer.

– JESSICA JACKLEY, empreendedora e investidora

Como gerente, você agora é obrigado não apenas a desenvolver suas habilidades e capacidades atuais, mas também a aprender novas habilidades em diferentes áreas. Você e a empresa podem se beneficiar das suas habilidades analíticas, organizacionais e técnicas. Mas o que vai salvar você em momentos de desafios gerenciais será, acima de tudo, sua habilidade interpessoal.

A capacidade de delegar é uma das habilidades pessoais mais críticas para realizar o seu trabalho e é a ferramenta de gerenciamento número um de qualquer gestor. A incapacidade de delegar, vai, com certeza, tornar a tarefa de gerenciar muito mais complicada.

Por que alguns gerentes acham tão difícil delegar? Veja a seguir algumas desculpas que gerentes geralmente dão para não delegar trabalho, responsabilidade e autoridade aos funcionários:

- "Temo que meus funcionários façam besteira."
- "Ninguém é capaz de fazer o que eu faço tão bem quanto eu."
- "Estou ocupado demais para dedicar meu tempo para delegar."
- "Não sei como fazer isso."
- "Os clientes preferem que eu faça."

Grandes líderes sabem que podem fazer muito mais – multiplicando em muitas vezes sua produtividade – ao delegarem trabalho aos funcionários. Na verdade, um estudo da Gallup sobre a diferença no desempenho entre organizações em que CEOs têm grande talento para delegar e organizações em que CEOs não têm esse talento mostrou uma diferença considerável nos resultados. As organizações com CEOs com talento para delegar alcançaram uma taxa média trianual de crescimento de 1.751% – 112 pontos percentuais a mais do que as organizações cujos CEOs têm pouco ou nenhum talento para delegar.[1] Esse é um resultado relevante para algo tão fácil de se fazer.

Se você ainda não começou a delegar trabalho aos seus subordinados ou não está convencido de que deveria fazer isso, observe a seguir algumas das muitas vantagens da adoção dessa prática:

Você não pode fazer tudo o tempo todo: Talvez você seja um gerente excepcional, mas todos atingem em algum momento o ponto de ruptura. Carregar o fardo de realizar tudo pela sua empresa é uma ideia nobre, mas a verdade é que se trata de algo simplesmente impossível – especialmente à medida que a organização e suas responsabilidades crescerem. Além disso, precisa delegar para que possa se concentrar nas tarefas que só você pode fazer, ou seja, que são críticas para o negócio.

Delegar é uma oportunidade para desenvolver seus funcionários: Como seus funcionários podem ter iniciativa e realizar tarefas com sucesso se nunca tiveram chances para fazer isso? Tomar decisões e ter ideias são atividades divertidas e produtivas de um gerente. Mas se você nunca envolver seus funcionários e nunca der a eles a chance de aprender novas habilidades profissionais, você acabará ficando preso e tendo que fazer todo o trabalho sozinho, uma vez que eles não serão capazes de fazê-lo. Além disso, os profissionais têm relatado com frequência cada vez maior que a oportunidade de se desenvolverem e aprenderem algo novo é um ótimo motivador. Portanto, certifique-se de sempre dar a eles uma chance de crescer – delegue tarefas importantes.

Delegar aumenta o nível de envolvimento dos funcionários: Você não quer pessoas robóticas, que agem sem autonomia, responsabilidade ou autoridade. O que você quer, na verdade, são funcionários com capacidade de realizar tarefas de forma independente e eficaz. Quanto mais você delegar tarefas, maior será o envolvimento deles nas operações do dia a dia. Se der aos funcionários oportunidades para que prosperem, sua organização também vai prosperar.

Como gerente, você é responsável pelas atribuições do seu departamento, mas executar pessoalmente *todas* as tarefas necessárias para o sucesso do seu departamento, além de não ser indicado, é totalmente inviável. Comece a delegar, e então, colha os resultados da prática.

COMO DELEGAR

Delegar significa colocar sua fé e confiança em outra pessoa, seja ela um subordinado ou um colega de trabalho. Se essa pessoa não for bem-sucedida, você será responsável pelo resultado. Em última análise, você não pode abdicar da sua responsabilidade pela tarefa até que ela seja concluída com êxito. Se o funcionário deixar a peteca cair, seu chefe ainda assim vai achar que você é o culpado, independentemente do motivo para a falha na conclusão da tarefa.

Delegar ficará mais fácil a partir do momento em que conhecer os pontos fortes e fracos dos seus subordinados. À medida que for executando suas tarefas gerenciais, também é preciso desenvolver e melhorar a maneira como você delega. Quando realizado corretamente, esse processo vai beneficiar gerentes e funcionários. Veja a seguir um guia de como delegar tarefas de forma eficaz e adequada:

Etapa 1: Comunique o que você quer que seja feito. Todas as tarefas devem ser devidamente comunicadas. Deixe seus funcionários informados sobre o que você quer que seja feito, quando quer que seja concluído e o resultado que espera obter.

Etapa 2: Forneça contexto. Para destacar a importância de uma tarefa, explique por que ela precisa ser feita, como ela se encaixa no quadro geral e quais desafios podem surgir durante sua execução.

Etapa 3: Defina padrões de qualidade. Determine quais medidas serão utilizadas para mensurar o sucesso do trabalho. Certifique-se de que as metas sejam tangíveis e realistas.

Passo 4 - Dê autonomia. Funcionários devem ter autonomia para concluir suas tarefas, sobretudo para serem capazes de evitar empecilhos criados por seus colegas de trabalho ou qualquer tipo de entrave.

Etapa 5: Dê apoio. Será preciso, para que a tarefa seja concluída com êxito, algum treinamento específico, dinheiro, acompanhamento do progresso ou algum outro recurso? Dê suporte à sua equipe!

Etapa 6: Consiga comprometimento. É preciso garantir que seu funcionário esteja de acordo com a tarefa. Reafirme suas expectativas e garanta que não tenham restado dúvidas com relação ao que vocês concordaram que deve ser feito.

DISCERNIR O QUE DELEGAR

Em teoria, é verdade que você pode delegar qualquer coisa pela qual seja responsável para um subordinado. Mas se você atribuir todas as suas funções para outra pessoa, para que serve seu cargo? A realidade é que algumas tarefas são mais adequadas para o gerente, enquanto outras podem ser delegadas aos seus subordinados.

Delegue as tarefas mais importantes para seus funcionários à medida que eles forem ganhando mais experiência, conhecimento e confiança. Avalie a capacidade de cada um deles e depois atribua tarefas que atendam ou excedam um pouco sua capacidade; use cronogramas e monitore o progresso deles durante o processo. Isso vai ajudá-lo a verificar se a tarefa é muito desafiadora ou se ele é capaz de realizar as tarefas que lhe foram atribuídas. Quanto mais delegar, mais fácil vai ficar. Ainda não tem certeza do que delegar? Tente atribuir as seguintes tarefas para seus funcionários:

Tarefas repetitivas: Tarefas de rotina, como relatórios semanais de despesas ou balanços mensais de orçamento, são tarefas repetitivas que podem ser delegadas aos funcionários. Utilize seu tempo com tarefas mais importantes – não o desperdice com tarefas simples.

Coleta de informações e trabalhos detalhados: Tarefas técnicas detalhadas ou pesquisas podem consumir um tempo valioso. Seu cargo de gerente exige que se concentre no panorama geral para o sucesso da equipe. Deixe os detalhes e minúcias para seus funcionários e concentre seus esforços em outras coisas.

Substitutos: Como gerente, sua presença será solicitada em reuniões, apresentações e outros lugares. Mas como você não pode estar em todos os lugares ao mesmo tempo, dê a seus funcionários a chance de substituí-lo. Dessa forma, você economiza tempo e possibilita que eles tragam até você as informações mais importantes dos compromissos aos quais não pôde comparecer.

Futuras obrigações: Delegar também é uma ótima maneira de treinar sua equipe para futuras responsabilidades – permitir que seus funcionários o ajudem em certas tarefas dá a eles uma amostra do que precisam saber para assumirem essas tarefas no futuro.

Ao mesmo tempo, há certas tarefas que você não deve delegar em nenhuma hipótese. Evite delegar as tarefas a seguir porque são parte relevante da sua responsabilidade como gestor:

Dar *feedback* de desempenho: Claro, funcionários de nível hierárquico mais baixo podem elogiar o trabalho dos outros funcionários, mas o *feedback* de desempenho formal é um processo oficial que requer seu envolvimento.

Criação da visão e das metas: Como gerente, você tem uma perspectiva única sobre as necessidades da organização. Afinal, quanto mais alto estiver na organização, mais ampla será sua perspectiva. Qualquer funcionário pode e deve fazer sugestões e fornecer informações, mas é seu trabalho desenvolver e decidir sobre a visão e as metas de longo prazo da organização.

Aconselhar e advertir: Os negócios hoje podem ser agitados e intensos, mas disciplina e aconselhamento são duas coisas que você precisa fazer como gerente. Estabeleça metas e padrões com seu pessoal e, em seguida, aconselhe eles sobre como fazer, e veja se conseguem cumprir dentro do prazo combinado. Saiba que só você pode decidir se seus funcionários atenderam às expectativas da empresa ou não.

ACOMPANHAMENTO DAS TAREFAS DELEGADAS

Imagine o seguinte: os empecilhos para começar a delegar já foram superados. Você atribuiu uma tarefa ao seu subordinado e agora espera com ansiedade para ver o desempenho dele e o resultado. Seu funcionário recebeu os recursos e o treinamento adequados, e o escopo da tarefa foi definido. Depois de dizer a ele quais são os resultados esperados (e para quando você os espera), qual será seu próximo passo?

Um possível caminho pode ser verificar o progresso da tarefa diversas vezes e ainda mais de perto conforme o prazo final for se aproximando. Mas ficar no pé do funcionário para saber os detalhes pode atrapalhar a consecução da tarefa e deixá-lo irritado com o microgerenciamento. Dessa forma o trabalho pode ser concluído dentro do prazo, mas pode ficar incompleto ou incorreto, e seu funcionário pode estar irritado com sua total falta de confiança na capacidade dele.

Ou você pode não fazer absolutamente nada após atribuir a tarefa ao seu funcionário. E em vez de importuná-lo solicitando informações sobre o progresso da tarefa ou oferecendo sua ajuda, colocar seu foco em outro lugar. Quando o prazo chega, você fica surpreso ao saber que o trabalho não está pronto.

Com base nessas duas opções extremas, podemos ver que monitorar efetivamente o processo é absolutamente crítico para o sucesso da tarefa. Os estilos de monitoramento podem diferir dependendo das características do subordinado, mas monitorar de maneira eficaz sempre requer o seguinte:

Os canais de comunicação devem estar sempre abertos: Antes que seja tarde demais, certifique-se de que seus funcionários sabem e compreendem que devem avisá-lo se não forem capazes de resolver um problema. Certifique-se de que eles não precisem de mais recursos ou de mais treinamento, e esteja disponível para ajudá-los quando solicitarem apoio.

Acompanhe de perto as tarefas que você delegou: Seja com um calendário, aplicativo de *smartphone* ou ferramentas de gerenciamento de projetos *on-line*, você precisa acompanhar os elementos básicos do trabalho:

o que é a tarefa, quem é responsável por sua conclusão e qual o prazo final. Se organize e tenha sucesso.

Adapte sua abordagem de monitoramento: Adeque a maneira como você monitora o progresso dos funcionários, dependendo das habilidades e experiência específicas de cada um deles. Por exemplo, se um funcionário geralmente é capaz de executar o trabalho com pouca supervisão, é possível criar um sistema de monitoramento com pouca necessidade de acompanhamento. Um funcionário que precisa de mais suporte pode ser monitorado mais de perto, com um sistema que preveja mais checagem e acompanhamento.

Cumprindo os acordos: Responsabilidade é a chave. Se os relatórios atrasarem, responsabilize seus funcionários – não importa o quão tentador seja deixar alguma falha passar. Eles devem entender a importância de assumir a responsabilidade por seu desempenho no trabalho e, se você não os responsabilizar, pode ser que eles comecem a perder prazos e, com isso, afetar negativamente as metas e o sucesso da equipe como um todo.

Recompense o sucesso e aconselhe em tudo: É preciso que seus funcionários saibam quando suas expectativas estão sendo atendidas e quando não estão. Afinal, é assim que sua equipe e a empresa vão ficar cientes sobre os bons e maus desempenhos. Esse tipo de informação ajuda a garantir desempenho eficaz e sucesso. Lembre-se sempre de fazer críticas de forma privada e de elogiar em público.

8
A Importância da Visão

A missão é a estrela que nos guia. Tudo começa com a missão, tudo flui da missão.

— FRANCES HESSELBEIN, ex-CEO, *Girl Scouts* (Escoteiras dos Estados Unidos)

Quando um gestor deseja aumentar o comprometimento dos funcionários, a primeira coisa que deve fazer é criar uma visão simples e cativante da organização e comunicá-la à equipe. Os funcionários precisam saber muito bem aonde a organização quer chegar, pois esse entendimento é motivador (principalmente quando enfrentam desafios ou empecilhos na execução do trabalho). Quando eles entendem o propósito por trás das tarefas, há uma boa chance de embarcarem de fato rumo ao sucesso individual e da equipe.

Quando o nível de comprometimento dos funcionários está de fato bem alto? Quando metas pessoais ou objetivos empresariais são alcançados ou superados. Se isso ocorre, aqueles com bom desempenho se sentem confiantes, e essa energia positiva afeta e beneficia outras áreas. À medida que um número cada vez maior de funcionários fica motivado e comprometido com seu trabalho e metas são atingidas, fica nítido que a qualidade dos produtos fabricados aumenta e o atendimento aos clientes melhora.

Clientes satisfeitos com os serviços prestados se tornam mais leais à sua marca ou empresa, e as vendas e a receita podem disparar. Vamos analisar a fundo a criação da visão e da missão organizacional.

TUDO COMEÇA COM UMA VISÃO

Você tem certeza de que seus funcionários entendem o propósito da empresa – e o porquê dele? Fale diretamente com eles para descobrir. Pergunte a eles qual é a missão da empresa, qual é (ou deveria ser) o papel deles para ajudar a organização a cumprir com seu propósito.

Se recebeu a mesma resposta de todos, há uma boa chance de que a empresa esteja no caminho certo e todos os funcionários tenham um bom entendimento da missão da equipe. Mas se recebeu respostas muito divergentes, terá de lidar com a realidade: a mensagem da sua organização não é clara, é mal compreendida ou a proposta mudou em relação ao que havia sido definido inicialmente.

Se a missão da sua organização não está clara, faça disso uma oportunidade para rever o funcionamento e o propósito de sua empresa ou da sua equipe. Alguns anos atrás, Frances Hesselbein – *chairman* do Frances Hesselbein Leadership Forum [Fórum Frances Hesselbein de Liderança] e ex-CEO do *Girl Scouts of the USA* (escoteiras dos EUA) – me pediu para atualizar um livro do guru da administração Peter Drucker.

No livro – *As Cinco Perguntas Essenciais que Você Sempre Deverá Fazer sobre sua Empresa* – é um excelente guia para esclarecer a missão da empresa.

Veja a seguir as cinco perguntas essenciais de Peter Drucker:

Pergunta 1: Qual é a nossa missão? Peter Drucker resume o que significa missão de uma forma muito concisa: "Para ser eficaz, a declaração da missão precisa ser curta e direta. Deve caber em uma camiseta. A missão diz por que você faz o que faz, e não os meios pelos quais você o faz".

Questão 2: Quem é nosso cliente? Drucker diz: "Responder à pergunta: 'Quem é nosso cliente?' dá a você uma base para definir o que os clientes valorizam, ajuda a decidir os objetivos e a desenvolver um plano".

Pergunta 3 - O que o cliente valoriza? De acordo com Peter Drucker, "a pergunta: 'O que os clientes valorizam?', ou 'O que satisfaz suas necessidades, desejos e aspirações', é tão complicada que só pode ser respondida pelos próprios clientes... 'o que o cliente valoriza?' talvez seja a questão mais importante, mas é a menos perguntada".

Pergunta 4 - Quais são os nossos resultados? Como Drucker explica: "O progresso e as realizações podem ser avaliados em termos qualitativos e quantitativos. Essas duas medidas estão interligadas – complementam uma à outra – e é preciso ter ambas para dar luz às maneiras de compreender até que ponto vidas estão sendo transformadas".

Pergunta 5 - Qual é nosso plano? Os planos também são importantes. Drucker diz: "O plano... é um resumo conciso do propósito da organização e sua direção para o futuro. O plano abrange missão, visão, metas, objetivos, etapas de ação, orçamento e avaliação".[1]

Ao começar a decidir onde suas equipes, seus departamentos ou sua empresa devem se concentrar para ter sucesso, primeiro considere iniciar elucidando a visão. Ao atingir os resultados, observe que eles devem incluir um propósito que force, ou uma missão que inspire, todos os envolvidos a buscarem novos patamares. Então, a partir dessa visão, é possível discernir e desenvolver vantagens exclusivas da empresa sobre a concorrência – o que você pode oferecer aos clientes potenciais que as organizações concorrentes não podem?

Seus pontos fortes são sua vantagem no mercado; são as áreas que vão ajudá-lo a ter sucesso, caso consiga capitalizá-las. Como o ambiente de negócios está sempre mudando, você precisa se destacar mais do que nunca para atrair a atenção do cliente e mantê-la. As vantagens competitivas exclusivas que tem a oferecer devem ser examinadas e avaliadas com frequência, porque as necessidades dos clientes mudarão rapidamente e com frequência.

O que funciona atualmente para sua empresa e o que não está funcionando? Esta é a pergunta que você deve se fazer logo após esclarecer sua visão e reavaliar os objetivos com sua equipe. Por exemplo, seus clientes antigos podem ter decidido usar seus serviços com menos frequência, enquanto novos clientes estão buscando por coisas que você tem a oferecer. Será que você pode entender o que esses novos clientes têm em comum? Será que pode usar essas informações para procurar por clientes com características semelhantes?

Com o passar do tempo, o mercado atual vai exigir da sua empresa novas estratégias para que consiga atingir suas metas. Quando precisar de ajuda para lidar com essas mudanças, uma boa ideia é envolver os funcionários e pedir suas opiniões e contribuições. Isso não apenas vai ajudá-los a se sentirem valorizados e lhes dará oportunidade de participar e crescer, mas também dará a você novas e melhores estratégias para aprimorar as operações de negócios, mais qualidade no atendimento ao cliente e proporcionará a tomada de decisões fiscais mais inteligentes.

COMO COMUNICAR SUA VISÃO E MISSÃO

Os funcionários precisam ter acesso a muitas informações para desempenharem suas funções. Precisam ter acesso a todas as informações necessárias para concluir as tarefas que lhes foram atribuídas e querem também saber o quão bem-sucedida a organização é (ou não é) e o que os colegas de trabalho estão fazendo. Os tópicos de interesse podem incluir produtos e serviços da empresa, estratégias de sucesso, valores e visão e até mesmo informações atualizadas sobre empresas concorrentes. Pode ser uma grande quantidade de informações para absorver, mas é função da administração comunicar tudo isso aos funcionários de forma clara e eficaz.

A maioria dos funcionários quer que seus gerentes se comuniquem mais – e com mais eficácia. Infelizmente, muitos deles relatam não terem acesso ao nível de qualidade de comunicação de que precisam. De acordo com uma pesquisa da Interact/Harris, 91% dos funcionários entrevistados afirmam que seu gerente não se comunica bem. Em uma análise mais específica, 57% relataram que seu gerente não dá instruções claras, 52% disseram que seu gerente não tem tempo para se reunir com eles e 51% declararam que ele se recusa a falar com os subordinados.[2]

Quanto mais eficaz for a comunicação, mais alto o moral. Quanto menos eficaz for a comunicação, mais baixo o moral. Podemos ter certeza de uma coisa: se um funcionário não estiver bem-informado, sua capacidade de realizar tarefas no local de trabalho certamente será limitada.

Infelizmente, não dividir informações com os funcionários é um erro que muitos gestores e organizações cometem com regularidade. Por exemplo, executivos do alto escalão podem ter receio de compartilhar informações por não estarem totalmente seguros sobre o que está acontecendo devido às constantes mudanças no cenário dos negócios. Em outras situações, um gerente pode não querer compartilhar informações com funcionários de nível inferior por acreditar que isso reduzirá seu *status* e seu poder.

Às vezes, os gestores podem ter bons motivos para reter informações. Porém, não importa qual seja sua intenção, não as divulgar pode fazer o tiro sair pela culatra. Por exemplo, quando um gerente não informa seus subordinados sobre uma crise ou mesmo sobre possíveis demissões, ele pode estar tentando "proteger" seus funcionários. Um gerente pode pensar que, se não compartilhar essa informação, evitará que seus funcionários sintam medo e fiquem ansiosos. Porém, na maioria das vezes, essas ações bem-intencionadas acabam levando a conversas sigilosas pelos corredores e reuniões a portas fechadas do pessoal do administrativo, incutindo uma sensação de desconfiança nos funcionários. E, quando estão desconfiados, eles passam a imaginar os piores cenários possíveis, começam a especular e sentem ainda mais medo.

Funcionários não apenas querem saber o que está acontecendo com a organização e com seus empregos como também *precisam* estar à parte das notícias e novidades, mesmo que não sejam boas e possam causar ansiedade. Se a empresa está passando por dificuldades, não há absolutamente nada de errado em ser honesto e transparente com aqueles que trabalham para você. Na verdade, quanto maior o número de informações que você dividir com seus subordinados, maior a chance de conseguir aumentar a produtividade, lealdade e dedicação da sua equipe. É possível inclusive utilizar uma má notícia para fazer um *brainstorm* com os funcionários a fim de que eles apresentem ideias, planos e soluções.

Informar seus funcionários a respeito de informações vitais pode deixá-los hesitantes no início, especialmente se você achar que isso irá de alguma forma prejudicá-los ou assustá-los. Mas, envolvê-los e se comunicar com regularidade vai incutir neles um maior senso de responsabilidade, valor e confiança.

COMO CRIAR UMA COMUNICAÇÃO DIRETA DE DUAS VIAS

Não há necessidade de enfeitar a forma como você transmite as informações que precisam ser comunicadas. Na realidade, os funcionários não precisam de nada rebuscado: eles querem a verdade, apresentada de forma concisa e clara.

Se as vendas da empresa caíram, todo funcionário tem o direito de ter acesso a essa informação. Ao comunicar e compartilhar esse fato, você enfatiza a todos que o desempenho da organização é algo que pertence a todos. Não importa o nível hierárquico – da equipe de linha de frente aos executivos – todos compartilham a responsabilidade pelo desempenho da organização: seu faturamento, falhas e futuro.

As mensagens que você divulga quando compartilha informações importantes com os funcionários não se limitam às notícias e atualizações divulgadas. Quando você dá aos funcionários acesso aos bastidores, cenários e planos fiscais da sua empresa, está enviando a cada um deles a mensagem subjacente de que são valiosos e essenciais para o sucesso da organização. Essa mensagem cria um senso de responsabilidade e de prestação de contas – os funcionários reconhecem que, em vez de fazerem parte do problema, são parte da solução. Essa compreensão dá confiança a eles, faz com que acreditem na sua própria capacidade e os ajuda a se concentrar no trabalho que vai tirar a empresa da situação difícil em que se encontra.

Criar linhas de comunicação mais abertas em sua organização pode representar o início de uma nova era de honestidade, responsabilidade e confiança. Ao mesmo tempo, estabelecer uma comunicação aberta pode acabar com certas práticas negativas, como fofocas e boatos falsos. Uma vez que os boatos nascem da incerteza e são repletos de negatividade, é do interesse de todos que você acabe com eles na sua origem e o quanto antes.

Na dúvida, ao compartilhar informações com sua equipe, é preferível errar para mais do que para menos. Quanto mais certezas você puder criar dentro de sua organização, menos espaço deixará para incertezas, fofocas e boatos. Além disso, quando estão mais bem informados, os funcionários são capazes de tomar decisões melhores e mais embasadas, que ajudam a organização a prosperar.

ESTRATÉGIAS DO SÉCULO XXI PARA A FORÇA DE TRABALHO

Ao olharmos para o futuro, vale a pena considerar alguns temas comuns relacionados ao sucesso nas próximas décadas. Ao examinar os temas a seguir, avalie de que forma eles podem ou devem fazer parte dos seus planos quando você pensa no futuro.

Contratações

Já se foram os dias em que bastava contratar pessoas para resolver o problema. À medida que a oferta de trabalhadores talentosos diminui, ficou mais importante do que nunca contratar bem e encontrar os melhores talentos para cada cargo da empresa. Isso requer a criação de um sistema de recrutamento robusto, capaz de identificar os melhores candidatos, incentivá-los a se candidatarem às vagas abertas e, em seguida, submetê-los a um rigoroso processo de avaliação e entrevista.

Ao mesmo tempo, alguns gestores estão reinventando completamente seus modelos de negócio ou criando negócios que necessitam de menos funcionários. Alguns estão redesenhando seus negócios para criar vagas que aproveitem ao máximo as habilidades e recursos dos candidatos mais talentosos disponíveis. Quase todos estão reavaliando o nível de competência e comprometimento da sua força de trabalho atual.

Toda empresa precisa de um processo sistemático para avaliar o desempenho dos funcionários e dispensar os que apresentarem baixo rendimento. Este processo deve ser justo, transparente e deve ser aplicado com rigor, e é preciso agir rápido com base nos resultados apresentados pelas avaliações.

Remuneração

Líderes empresariais de todos os setores tentam cortar custos e reduzir suas folhas de pagamento. No entanto, a maioria entende que existe uma linha tênue entre economizar dinheiro e criar um grupo desmotivado de funcionários – muitos tentam procurar por um novo emprego com melhor remuneração em uma outra empresa. Atrair pessoas talentosas requer não apenas pagar seus funcionários de maneira justa, mas pagar um pouco a mais do que o padrão do mercado para cargos do mesmo setor e localizados na mesma região. Se você pagar um pouco a mais, vai conseguir os melhores profissionais e mantê-los mais felizes e mais comprometidos com o trabalho.

Participações na empresa

Executivos podem decidir dar ações ou abrir participações na empresa como incentivo, mas isso não é algo simples de ser feito, e a distribuição não pode ser feita de maneira aleatória. Empresas privadas estão menos dispostas a oferecer participações para funcionários que não demonstram contribuir com a empresa para além do que é previsto em suas atribuições salariais, mesmo que esses funcionários sejam seniores. Por exemplo, anos atrás, recebi opções de compra de ações de uma empresa de desenvolvimento de *software* para a qual trabalhava quando fechei com sucesso um excelente contrato de vários anos com um dos nossos clientes. Eu não teria recebido a oferta de ações se não fosse por essa grande contribuição para o sucesso da empresa a longo prazo. O que eu fiz estava bem acima das funções definidas para o meu cargo na época.

Cultura

É amplamente aceito que o foco da cultura organizacional deve ser a criação de um ambiente que incentive a felicidade, a inclusão, o comprometimento, a produtividade e a criatividade dos funcionários. A obrigação de ser ágil é reforçada pela necessidade de abertura e criação de um poderoso ambiente colaborativo no qual todos são ativamente encorajados a trabalhar juntos em prol de um objetivo comum.

Alguns executivos e gerentes estão adotando uma abordagem menos tradicional na hora de definir seus objetivos. Em vez de considerar crescimento ou produtividade como os principais objetivos, Lisa Hendrickson, proprietária e COO (Diretora de Operações) da multimilionária Hendrickson Custom Cabinetry (móveis planejados) na cidade de Nova York, examinou de perto a cultura organizacional da empresa. Como resultado dessa análise, ela reestruturou sua equipe em dois tipos de cargos: vendas e suporte às vendas. Ela conciliou as atividades do controle de qualidade com a produtividade e tornou-os parte do suporte uma vez que, em última análise, eles contribuem para o aumento das vendas, garantindo o crescimento e o sucesso.

Retenção

Líderes empresariais estão começando a explorar maneiras criativas de ajudar seus funcionários a se desenvolverem pessoalmente, de modo que os conecte aos objetivos organizacionais de longo prazo. Este é um ponto crucial que os futuros líderes da administração precisam ter em mente, não apenas para reduzir os custos decorrentes da substituição de funcionários, mas para garantir a felicidade e o total comprometimento deles com o trabalho. O objetivo é garantir que funcionários criativos e produtivos permaneçam leais à empresa e não se demitam para trabalhar em outros lugares. Ao proporcionar oportunidades para crescimento interno e apontar um caminho claro nessa direção, os gestores conseguem evitar que seus funcionários analisem oportunidades externas – talvez até de forma definitiva.

Comunicação

É vital que os canais de comunicação estejam amplamente disponíveis nas organizações para permitir a troca de mensagens e colaborações rápidas, fáceis e abertas entre os funcionários e a gerência. Para atingir esse objetivo, as empresas estão aprimorando e refinando seus sistemas de comunicação para criar um alinhamento mais fácil entre os funcionários e a administração. Sistemas de comunicação e colaboração baseados em nuvem, como *Slack, Trello* e *Microsoft Teams*, entre outros, estão ganhando uma posição significativa em muitas organizações. Além disso, agora os métodos colaborativos horizontais são amplamente incentivados, tomando o lugar do antigo sistema hierárquico, de cima para baixo. Com o poder para tomar decisões nas mãos de um número maior de funcionários, as reuniões agora são vistas como oportunidades para colaboração criativa e para aprender a usar uns aos outros como recurso.

SUA PERSONALIDADE COMO GERENTE

A Maritz, fundada em 1894, projeta e executa para outras empresas programas de reconhecimento e premiações de funcionários. Quando era um executivo dessa empresa, Rick Garlick escreveu um artigo onde descreveu seis tipos distintos de personalidade de supervisor que emergiram a partir da pesquisa conduzida pela Maritz com trabalhadores norte-americanos. Esses tipos de personalidade – que também se aplicam aos gerentes – determinam, em grande medida, a forma como uma pessoa gerencia outras e se esse chefe será classificado como um bom ou como um mau gerente.

Qual desses tipos de personalidade seus funcionários diriam que *você* traz consigo para o escritório todos os dias?

O profissional respeitado. Esse tipo de gerente, que representa 29% do total na pesquisa da Maritz, conduz as operações com eficiência. É orientado pela objetividade na conclusão das tarefas e é flexível, se isso for preciso para que um trabalho seja realizado. É honesto e confiável, mas mantém uma distância profissional. O profissional respeitado é visto de maneira positiva por aqueles que trabalham para ele. Na verdade, 76% das pessoas entrevistadas descreveram esses profissionais como "Super-Homem ou Mulher Maravilha – são abertos às ideias dos outros".

O mentor atencioso. Esse tipo de gerente é honesto, alegre, generoso, amigável e flexível, e tem a maior pontuação quando se trata do nível de comprometimento dos seus funcionários. Mentores atenciosos colocam seus funcionários em primeiro lugar e de fato se preocupam com as pessoas que trabalham para eles. Funcionários com esse tipo de chefe – apenas 26% do total pesquisado – conseguem maior afinidade com os clientes e estão mais propensos a permanecer na empresa por muito tempo e recomendá-la a outros. Mentores atenciosos foram descritos como Super-Homem/ Mulher Maravilha por 81% dos entrevistados.

Ganhar a qualquer custo. Esse tipo de gerente é considerado duro, controlador, inconsistente, imprevisível e implacável. Em geral, não é visto como ético, honesto ou inteligente. Na verdade, muitas vezes é descrito como maquiavélico, aquele que acredita que os fins quase sempre justificam os meios. O gestor do tipo "ganhar a qualquer custo" não é respeitado por seus subordinados, que geralmente são pouco comprometidos. O total de entrevistados relataram ter chefe desse tipo foi de 19%, e 71% disseram que demitiriam o chefe se tivessem esse poder.

O capataz. Embora o gerente do tipo capataz também seja visto como duro e controlador, assim como acontece com o gerente do tipo ganhar a qualquer custo, ele é mais bem avaliado tanto no quesito ética quanto em competência. O capataz tem a personalidade clássica do tipo A, pessoas que são focadas em alcançar seus objetivos e não são alegres ou pacíficos. As pessoas não são a prioridade do gerente do tipo capataz, o que faz o nível de comprometimento e lealdade dos seus funcionários ser baixo. Cerca de 10% dos funcionários relataram ter chefe desse tipo, que em geral não é considerado uma pessoa eficaz.

O perdedor simpático. Esse tipo de gerente, que representa 9% do total, é visto como encantador e íntegro, mas considerado por seus subordinados como incompetente e incoerente. Os funcionários não respeitam esse tipo de chefe e preferiam ter um chefe diferente. Chefes perdedores simpáticos foram descritos pelos entrevistados como "O Homem Invisível" (34%) ou "Charlie Brown" (27%).

O manipulador alegre. Na superfície, esse tipo de gerente parece ser amável e flexível, como uma versão mais amigável do tipo ganhar a qualquer custo. Mas remova essa fachada e vai descobrir que os gerentes desse tipo são considerados por seus funcionários como desonestos, não confiáveis, imprevisíveis e indiferentes. Cerca de 7% dos funcionários relataram ter chefes desse tipo, o segundo pior entre os apontados na pesquisa.[3]

TÁTICAS DO SÉCULO XXI PARA A FORÇA DE TRABALHO

Veja a seguir cinco ações que podem ser executadas no cenário atual de negócios para melhorar o ambiente de trabalho em constante mudança:

Incorpore a diversidade. Dedique tempo e energia para compreender as origens culturais dos funcionários. E não apenas suas origens étnicas ou sociais, mas a maneira como eles se encaixam no local de trabalho. Por exemplo, os funcionários mais antigos (que podem ficar desconfortáveis ao lidar com o medo e com as mudanças) podem não se relacionar bem com funcionários mais novos (que podem ser muito cheios de energia, impacientes e capacitados), criando conflitos e desentendimentos entre eles. Os gerentes devem aprender sobre as perspectivas dos diferentes grupos organizacionais e criar programas transculturais para estimular a empatia entre todos.

Adote o gerenciamento transparente. As empresas que ainda operam suas finanças a portas fechadas terão dificuldade em manter a confiança e o respeito entre os funcionários. A única maneira segura de evitar que funcionários queiram ter acesso ao que não têm de forma indevida é lhes mostrando a verdade sobre a relação entre risco e recompensa. Aqueles que queiram correr os riscos vão aparecer em situações de tomada de decisões e garantir um pedaço maior do bolo.

Crie condições que proporcionem chances iguais para todos no que se refere a remunerações. Você enfrentará problemas interpessoais se não se posicionar em relação a casos de funcionários que recebem altos salários e apresentam baixo desempenho, principalmente quando os funcionários mais motivados se sentirem incomodados. Uma grande reestruturação permitirá reexaminar e refazer todos os programas de remuneração, para que se adeque melhor aos funcionários que estão prontos para receber por desempenho.

Elabore um programa de empreendedorismo interno. Muitos empresários querem funcionários que sejam mais empreendedores, mas não promovem o crescimento necessário para retê-los. Disponibilize recursos para que seus funcionários possam gerar novas ideias e executá-las. Planeje recompensas que lhes proporcione participação naquilo que criarem. Certifique-se de que estejam preparados para lidar com as consequências das suas ações – as positivas e negativas, e que estejam dispostos a assumir total responsabilidade.

Recorra à tecnologia da comunicação. As ferramentas das redes sociais são amplamente utilizadas para gerar negócios externos, mas quando se trata de utilizá-las internamente ainda há muito a ser feito. Funcionários mais jovens estão mais acostumados com essa tecnologia. Dê a eles a oportunidade de contribuir com os mais velhos, inclua todos. Isso ajudará seus funcionários, e vai qualificá-los e capacitar toda sua força de trabalho para aproveitar ao máximo os avanços tecnológicos do século XXI que ainda estão por vir.

9

Seja Melhor como *Coach* e como Mentor

Certifique-se de que todos da equipe saibam que estão trabalhando com você, e não para você.

– JOHN WOODEN, treinador de basquete

A lista de motivos pelos quais você deve ajudar seus funcionários a se desenvolverem e a se aprimorarem é infinita. Do ponto de vista dos negócios, isso vai aumentar a qualidade e desempenho do trabalho deles. Outro ponto relevante é que, como gerente, você é a pessoa mais bem posicionada para apoiá-los quando necessário para que se desenvolvam e tragam melhorias à organização. Seja como facilitador do aprendizado no trabalho, seja como orientador nas tarefas e atribuições diárias, a ajuda do gerente no treinamento e no direcionamento é única e essencial para o crescimento dos seus subordinados.

Ainda tem dúvidas de que o desenvolvimento dos funcionários deve ser uma prioridade? Veja a seguir alguns (entre muitos) motivos que vão convencê-lo:

Você pode dar a eles uma oportunidade de aprendizado: Alguns funcionários cometem erros frequentes em suas tarefas? Mesmo que a execução da tarefa pareça simples, é possível que eles não tenham o conhecimento necessário para tanto. Pode ser que o funcionário não seja incompetente – talvez precise apenas que alguém como você dê a ele orientação, apoio e a oportunidade de aprender.

Você vai precisar de alguém para assumir seu lugar: Seja no longo ou curto prazos, vai chegar o momento em que você vai precisar de alguém para assumir funções importantes enquanto cuida de outros assuntos. Prepare seus funcionários adequadamente para que sua organização seja capaz de seguir em frente na sua ausência.

Bons funcionários trabalham com mais inteligência: Por que você recusaria a oportunidade de desenvolver seus funcionários se isso significa ajudá-los a trabalhar com mais eficácia e estratégia? Descubra o que eles ainda precisam aprender sobre seus cargos e responsabilidades e, em seguida, dedique-se a fornecer à sua equipe o suporte e as informações necessárias.

Seus subordinados vão apreciar os desafios: Alguns funcionários estão presos a ambientes monótonos de escritório, onde tudo é igual todos os dias. Isso leva à redução da energia, da motivação e da produtividade no local de trabalho. Mas se você priorizar o desenvolvimento dos seus subordinados, qualquer desafio que enfrentarem no processo servirá de estímulo e motivação.

Vale a pena investir em seus funcionários: Qualquer que seja a razão, vale desenvolver e investir em seus funcionários hoje, pois a contratação e o treinamento de novos implicaria em altos custos, perda de tempo e dinheiro amanhã.

Como você poderia sair perdendo se seus funcionários estão ganhando? Quando desenvolvidos de maneira adequada e correta, seus funcionários adquirem habilidades e capacidades de alto nível que, por sua vez, vão agregar alto valor à empresa.

COMO DESENVOLVER SEUS FUNCIONÁRIOS

O desenvolvimento dos funcionários é um processo contínuo, feito com propósito e que exige o apoio de seus gerentes. Se os gerentes ou os funcionários perderem o foco durante esse processo, os funcionários não se desenvolverão, e a organização vai precisar administrar adversidades que terão sido consequência do treinamento falho destes trabalhadores. Como gerente, trabalhe com seu pessoal para identificar áreas de melhoria, implementar oportunidades de desenvolvimento e fornecer recursos e suporte para que as necessidades da sua organização possam ser atendidas.

Para que seus subordinados possam corresponder aos próximos desafios da sua organização, considere as seguintes etapas do processo de desenvolvimento desses profissionais:

Etapa 1 - Agende uma reunião com seu funcionário. Após analisar o desempenho do profissional, reúna-se com ele para discutir suas análises, bem como para saber onde ele deseja chegar dentro da organização.

Etapa 2 - Converse sobre os pontos fortes e os pontos fracos. Em seguida, tenha uma conversa honesta com seu funcionário sobre os pontos fortes e os pontos fracos dele. Identifique áreas que podem ser desenvolvidas para que ele esteja mais bem preparado, enfrente melhor os desafios e tenha a oportunidade de crescer dentro da empresa.

Etapa 3 - Avalie o presente. Identifique o nível atual das habilidades e do talento do seu funcionário, e verifique as áreas em que ele apresenta maior potencial.

Etapa 4 - Crie um plano de desenvolvimento de carreira. Descreva como será o tipo de ajuda que você pode oferecer ao funcionário para que ele possa desenvolver suas habilidades e detalhe cada uma das etapas do plano.

Etapa 5 - Certifique-se de que ambas as partes façam o acompanhamento. Honre seu acordo com seu funcionário e forneça todo apoio que ele precisar. Verifique regularmente o progresso dele.

CRIAR PLANOS DE DESENVOLVIMENTO DE CARREIRA

Os planos de desenvolvimento de carreira podem ser extensos e detalhados, mas, em essência, devem conter os seguintes elementos-chave:

Metas específicas de aprendizado: Defina metas específicas de aprendizado ao se reunir com o funcionário para falar sobre planejamento e desenvolvimento de carreira. Independentemente do nível hierárquico ou experiência dele, todos na empresa podem se beneficiar desse tipo de meta – todos têm espaço para crescer.

Recursos de metas: Depois de discutir as metas de aprendizado, identifique e forneça os recursos necessários para apoiar o funcionário em seus objetivos. Esses recursos podem incluir atribuições de equipe, treinamento formal, acompanhamento de tarefas, entre outros.

Recursos e responsabilidades dos funcionários: Tanto o gerente quanto o funcionário são responsáveis pelo desenvolvimento da carreira do funcionário. Embora uma empresa possa pagar por treinamento e outras ferramentas de desenvolvimento, um funcionário deve investir em sua carreira no seu tempo livre!

Prazos para atingir as metas de aprendizado: Como o plano de desenvolvimento de carreira poderá ser eficiente se as etapas para o cumprimento das metas não forem estabelecidas previamente? O cronograma das metas deve ser flexível. Deve haver tempo suficiente para que o funcionário possa cumprir suas tarefas diárias e trabalhar no desenvolvimento de sua carreira.

Critérios para avaliar o progresso: Certifique-se de contar com uma metodologia para avaliar o progresso na conclusão de cada uma das metas.

COMO SER UM GRANDE *COACH*

O *coach* é indispensável no processo de aprendizagem do funcionário, é fundamental para que o profissional desenvolva autoconfiança, adquira novas habilidades e aprenda coisas novas. Qualquer um pode ser um bom *coach* – inclusive você, o gerente.

Talvez você esteja se familiarizando com suas novas funções como gerente, mas sabia que ser *coach* significa ser conselheiro, colega e incentivador, tudo ao mesmo tempo? Assim como outras habilidades de negócios, você também pode praticar e aprimorar as técnicas necessárias para se tornar um bom *coach*. Quais delas você já utiliza e quais precisam ser aprimoradas?

Apoie e incentive: Há muitas coisas que fazem novos funcionários e até mesmo os mais veteranos sentirem-se desestimulados com alguma tarefa. Um bom *coach* sabe como intervir, ajudar e inspirar todos no trabalho.

Priorize o sucesso da equipe: Em vez de desenvolver apenas um dos membros da equipe, o *coach* sabe que o desempenho geral é a coisa mais importante. Fazer isso requer o esforço de todos os membros da equipe.

Inspire os membros da equipe: O *coach* é um especialista em inspirar outras pessoas e extrair o melhor delas para que possam ajudar no sucesso da equipe.

Crie um ambiente de apoio: Um grande *coach* sabe a importância de um ambiente de trabalho que promove o crescimento e permite o sucesso.

Forneça *feedbacks*: O *coach* deve fornecer regularmente *feedbacks* consistentes, que ajudem os funcionários a saber o que estão fazendo de certo e o que estão fazendo de errado. Por outro lado, também é fundamental que os funcionários informem o *coach* quando precisarem de ajuda.

Praticar o *coaching* requer atenção às necessidades, fraquezas e pontos fortes específicos de cada funcionário. O tipo de suporte necessário vai variar, dependendo das características de cada um dos membros da equipe. Os funcionários mais independentes demandam menos verificações de progresso, enquanto aqueles que precisam de mais atenção vão demandar um acompanhamento mais de perto.

Independentemente do seu estilo de *coaching*, veja a seguir algumas técnicas utilizadas pelos melhores *coaches* para extrair o máximo de desempenho dos funcionários:

Explicando o "porquê": O *coach* não apenas diz para o funcionário o que fazer, ele diz *por que* fazer. Os *coaches* mais eficazes sempre fornecem a perspectiva geral e o contexto aos funcionários.

Esteja disponível aos funcionários: Mantenha a porta aberta aos funcionários, caminhe pelo escritório e faça questão de ir vê-los em suas mesas. Isso demonstra que você está disponível. Assim eles saberão a quem recorrer quando precisarem de ajuda.

Seja um bom ouvinte: Seu subordinado está passando por alguma situação complicada? O *coach* ajuda seus funcionários a resolverem problemas usando habilidades de escuta ativa e conversando sobre novas ideias e abordagens.

Ofereça ajuda: A carga de trabalho pode ser brutal, especialmente para funcionários que estejam começando em um novo emprego. O *coach* ajuda os funcionários a passarem por fases de transição e adotam medidas para aliviar a pressão, como repassar parte das atribuições para outros funcionários.

Transferência de conhecimento: Outra maneira do *coach* ajudar é passando seu conhecimento e perspectiva pessoal aos funcionários em resposta às necessidades exclusivas de cada membro da equipe. O *coach* já precisou lidar com diversas situações em sua gestão, e suas experiências podem ajudar os funcionários mais novos.

Demonstre, não apenas diga: Não há maneira melhor de ensinar e aprender do que este método. Guie seus funcionários pelos processos de trabalho e explique os procedimentos durante a execução de uma tarefa, fazendo com que eles concluam o mesmo procedimento enquanto você explica as etapas. Em seguida, peça a eles que expliquem as etapas enquanto executam a tarefa novamente.

A maior parte do seu trabalho como gerente consiste em construir uma base de pequenos sucessos diários que levarão a maiores conquistas no futuro. O *coach*, por outro lado, concentra sua energia diária em avaliar o progresso do funcionário e ver como os pontos fortes, as oportunidades e os pontos de inflexão dele podem ser capitalizados.

É possível seguir uma série de diretrizes para lidar com qualquer tipo de preocupação dos funcionários. Isso inclui dar *feedback* positivo abertamente, ter conversas descontraídas sobre preocupações e pontos que podem ser aprimorados, ouvir atentamente e fazer acompanhamentos, oferecendo ajuda. Seja paciente e expresse sua confiança e entusiasmo para seus funcionários. Eles vão gostar dessa postura, e isso ajuda a impulsionar o desempenho deles.

O PODER DA MENTORIA

Para um novo funcionário sem experiência, é inestimável contar com alguém com experiência para ajudá-lo à medida que progride. Essa pessoa sabe como chegar ao topo, pode aconselhá-lo e pode atuar como *coach* ou ouvinte. Essa pessoa é um *mentor*.

Um gerente nem sempre deve ser um mentor. Embora a função de um gerente seja treinar e orientar os funcionários, os mentores assumem uma função de consultor confidencial e geralmente ocupam posições de destaque na organização – não a de chefe do mentorado.

Se um mentor o encontrou, comemore! Ele pode ser de fato um grande benefício para você e sua organização. Aqui está o porquê:

O mentor oferece a experiência que você precisa para crescer: O desenvolvimento formal da carreira geralmente requer atividades ou treinamento suplementares (por exemplo, aprender habilidades de oratória) que você talvez não domine. Um mentor o orientará nessas atividades porque elas são importantes para o desenvolvimento da sua carreira no futuro.

Mentores oferecem orientação de carreira: Ao longo dos anos, seu mentor provavelmente acompanhou as trajetórias de vários funcionários e suas carreiras. Eles têm mais informações sobre quais são os caminhos dentro da empresa que levam a um avanço rápido e seguro e quais caminhos não levam a lugar algum.

O mentor explica como é o funcionamento interno da organização: Você já percebeu a diferença entre o que realmente acontece em uma organização e o que é oficialmente anunciado aos funcionários? Os mentores podem transmitir conhecimentos internos e detalhes para que você possa descobrir o que está acontece de fato.

Os mentores ensinam pelo exemplo: Observe e aprenda. Como seu mentor tem muita experiência e já passou por muita coisa, ele pode ajudar você a aprender as maneiras mais eficientes de realizar as tarefas.

O processo de mentoria começa quando um profissional altamente experiente reconhece o potencial de um funcionário novo ou inexperiente. Os funcionários podem despertar o interesse de um mentor em potencial durante sua colaboração em um projeto ou ao ir em busca de aconselhamento.

10

Motivando os Funcionários de Hoje

"Você recebe pelo tanto que oferece".

– DR. BOB NELSON, especialista em motivação

Acredite ou não, o que o gestor típico acha que seus funcionários querem do chefe e da organização é muito diferente do que eles de fato querem. Por exemplo, mostrar seu apreço pelos funcionários com incentivos monetários é na verdade menos motivador do que você pensa. Em geral, os funcionários relatam que é raro receberem elogios verbais ou agradecimentos por escrito. Isso lhe dá uma oportunidade de ouro de agradecer os funcionários por um trabalho bem feito.

O que mais motiva um funcionário? Segundo relatos, os motivadores mais poderosos são o reconhecimento por parte da gerência (o supervisor ou gerente que reconhece diretamente o funcionário) e incentivos baseados em desempenho.

Como gerente, você, e não sua organização, deve implementar os incentivos para tornar os reconhecimentos mais significativos. Esses momentos de reconhecimento devem ser regulares, frequentes e devem enfatizar o excelente desempenho no trabalho, em vez da mera participação.

Veja a seguir os incentivos que, embora simples de serem executados, são os mais impactantes para os funcionários:

- Ofereça a possibilidade de horários de trabalho e folgas flexíveis.
- Reconheça, premie e elogie os funcionários em público, em reuniões de equipe ou em boletins informativos da organização; enalteça também o sucesso do departamento e da empresa.
- Envolva funcionários na tomada de decisões, o que promove o comprometimento e a aumenta a participação.
- Ofereça aos funcionários oportunidades para aprimorarem novas habilidades. Crie um ambiente de trabalho aberto e confiável, que dê a eles suporte na busca pelo cumprimento de suas metas.
- Agradeça seus funcionários pessoalmente ou por escrito pelo excelente desempenho no trabalho com frequência.

CRIE UM AMBIENTE DE TRABALHO COLABORATIVO

Embora haja diversas maneiras conhecidas e eficazes de motivar funcionários, o ambiente de trabalho agitado e em evolução da atualidade torna mais difícil para os gerentes acompanhar de perto as necessidades e os desejos dos funcionários. Mas os grandes gestores são capazes de enxergar novas tendências e negócios em potencial.

Sob pressão, os melhores gestores usam o poder das ideias (e não o poder do seu cargo) para motivar seus funcionários. Eles sabem que ameaças e intimidações não são eficazes na hora de conseguir altos níveis de desempenho dos funcionários. Quer criar um local de trabalho colaborativo? Veja como fazê-lo.

Faça com que seus funcionários se sintam confortáveis e seguros. Seus funcionários têm dificuldade para lhe dar más notícias? Se isso acontece, eles provavelmente não se sentem seguros o bastante para comunicar seus erros ou preocupações. Todos nós cometemos erros. Evite punir funcionários que cometam erros. Em vez disso, crie um ambiente seguro, onde profissionais motivados sintam-se livres para arriscar.

Construa confiança mútua. Aumente a lealdade, o moral e o comprometimento dos funcionários respeitando-os e confiando neles. À medida que a motivação dos funcionários for aumentando, novas e melhores ideias surgirão.

Mantenha a comunicação aberta. O que lhe dá vantagem sobre a concorrência? Comunicação rápida, eficiente e honesta com seus funcionários. Um ambiente colaborativo (que não seja fechado) promove o engajamento e o sucesso da equipe.

Lembre-se de que seu maior patrimônio são seus funcionários. Gerenciar, nos dias de hoje, é cada vez menos dizer às pessoas o que elas precisam fazer e cada vez mais descobrir formas para desenvolver seus funcionários. Quando você desafia e motiva seu pessoal, fica perceptível o progresso que eles alcançam a partir do esforço pessoal.

CONHEÇA SEU PAPEL COMO FORÇA MOTIVADORA

Se você, como gestor, acredita que são seus funcionários que definem os quão motivados estão, ou se acha que as boas ou más atitudes deles são algo intrínseco às suas personalidades, talvez você se surpreenda ao se dar conta da influência que de fato tem sobre eles e de como podem ser motivados. Sua função como gestor exige que você crie um ambiente colaborativo e estimulante. Portanto, saiba que é você quem determina o quão motivado ou desmotivado seu funcionário está.

Então, como motivar seus subordinados? Para manter os padrões de desempenho dos funcionários elevados, expresse suas ótimas perspectivas com relação às habilidades deles. Desse modo, eles saberão que você acredita no potencial deles e, em breve, também passarão a acreditar.

Ao mesmo tempo, você também pode deixá-los em dúvida em seus esforços para motivá-los. Em vez de repreendê-los e puni-los, ofereça treinamento e apoio enquanto trabalha para descobrir como pode ajudar efetivamente no sucesso desses funcionários. Essas sugestões não apenas podem ajudá-

-lo a encontrar os pontos fortes dos funcionários, mas também reforçam o tipo de postura que você espera deles no local de trabalho.

AS LIMITAÇÕES DO DINHEIRO COMO FORÇA MOTIVADORA

Embora o dinheiro faça o mundo girar, ele com certeza não é tudo. O dinheiro tem valor motivacional, mas não é o fator mais determinante para o desempenho do funcionário. Bônus em dinheiro, aumento salarial e outras formas de compensação são bem recebidos pelos funcionários, mas muitos gerentes acreditam que essa é a única coisa que eles querem. Aqueles que são capazes de pagar suas contas com alguma tranquilidade precisarão de outros métodos para mantê-los motivados e darem o melhor de si. Embora uma boa remuneração estimule os funcionários a fazerem seu trabalho, é sua responsabilidade descobrir o que os motiva a atingirem o máximo do seu desempenho.

O dinheiro por si só não aumentará o rendimento dos funcionários. O reforço positivo – elogios e reconhecimento, oportunidades de crescimento e de desenvolvimento, entre outros – é a diferença entre um funcionário desmotivado e um motivado. Uma vez que o reforço positivo faz melhorar o desempenho dos funcionários, com ele sua empresa venderá mais e terá um faturamento maior, o que, em última análise, possibilita que os funcionários ganhem salários melhores.

Basicamente, incentivos não monetários são a chave para melhorar a produtividade dos funcionários e para conseguir maiores ganhos financeiros para todos. Os incentivos monetários, embora tentadores, muitas vezes são meras recompensas de conveniência; não estabelecem ligações sólidas entre comportamento, incentivo e os valores da empresa; e podem até prejudicar as relações interpessoais no local de trabalho. Mais adiante neste capítulo vamos nos aprofundar nos incentivos não monetários mais eficazes.

COMO CRIAR UM SISTEMA QUE RECOMPENSE FUNCIONÁRIOS

Funcionários que estão sempre motivados não surgem do nada. Você precisa de um plano para reforçar e recompensar os comportamentos que deseja que eles adotem:

Etapa 1: Estabeleça um ambiente aberto colaborativo no qual seus funcionários possam prosperar. Para isso, é importante descobrir o que eles mais valorizam.

Etapa 2: Crie maneiras de agradecer, reconhecer e incentivar os funcionários quando apresentarem bom desempenho. Quando surgir a oportunidade de reconhecer o trabalho de um funcionário, faça isso de imediato.

Etapa 3: Durante o trabalho com seus funcionários, mantenha sempre um esforço honesto e contínuo para compreender integralmente o que eles desejam e do que eles precisam.

Etapa 4: Siga com seu plano de gratificações, mas tenha em mente que planos podem mudar e evoluir com o passar do tempo. Então, esteja preparado!

Você sabia que a possibilidade de serem recompensados motiva mais os funcionários do que o medo de serem punidos? Para ter uma força de trabalho eficaz e motivada, você deve planejar cuidadosamente um sistema de recompensas e implementá-lo. Veja como:

Estabeleça regras claras: Desenvolva parâmetros claros ao criar seu sistema de recompensas. Certifique-se de que as metas sejam tangíveis e que funcionários de todos os níveis tenham chances de alcançarem reconhecimento por seus esforços.

Metas organizacionais adicionais: Para ser eficaz, uma recompensa deve estimular desempenhos que contribuam para a concretização dos objetivos da organização. As recompensas devem reduzir a frequência de comportamentos indesejados e aumentar a frequência de comportamentos desejados.

Obtenha apoio e comprometimento: Tanto os funcionários quanto os gerentes devem se envolver diretamente com seu programa de recompensas, e você deve desenvolvê-lo de maneira contínua.

Preste atenção no que funciona: O sistema de recompensas que você implementou está trazendo os resultados desejados? Associe as recompensas aos comportamentos que deseja reforçar e remodele de vez em quando o sistema de recompensas de maneira a mantê-lo sempre estimulante e renovado.

COMO E QUANDO RECONHECER OS FUNCIONÁRIOS

Funcionários de um local de trabalho moderno não apenas desejam, mas de fato esperam ser reconhecidos por seu bom desempenho. Apesar dessa enorme necessidade de reconhecimento, um estudo realizado pelo Globoforce WorkHuman Research Institute com trabalhadores do Estados Unidos revelou que 45% dos entrevistados relataram que não foram reconhecidos no trabalho por pelo menos seis meses, e 16% relataram nunca terem sido reconhecidos no trabalho.[1]

Para reconhecer de forma adequada os funcionários, em geral é preciso levar em consideração os seguintes fatores:

Formalidade: O reconhecimento pode vir de maneira espontânea e casual, como uma palavra de agradecimento ou ao reconhecer o mérito do funcionário durante uma reunião. Um exemplo de reconhecimento mais formal seria aquele concedido durante um programa planejado, como uma premiação do funcionário do mês.

Quem gratifica: Quem será a pessoa que vai prestar a homenagem é algo a ser considerado. O homenageado valoriza mais uma pessoa que tenha significado emocional para ele ou alguém que tenha mais *status* na hierarquia?

Tipos de gratificação: A pessoa que vai ser gratificada valoriza mais o reconhecimento intangível (anúncios públicos, folgas, cerimônias etc.) ou reconhecimento tangível (um presente, um troféu ou uma placa)? Quando o destinatário valoriza a maneira como vai ser reconhecido, esse reconhecimento se torna mais significativo e valioso para ele.

Momento certo: Para que seja eficiente no sentido de moldar os comportamentos desejados, certifique-se de que o reforço positivo ocorra com frequência. Isso significa que reconhecer o desempenho deve ser algo constante. Ao mesmo tempo, você deve se lembrar de que o reconhecimento deve acontecer logo após o comportamento ou desempenho desejado. Se o reconhecimento não for feito no momento certo, não será significativo.

Contexto e ambiente: O ato que dá mostras do reconhecimento pode ser realizado em público ou em particular. Leve em consideração a preferência do seu funcionário ao tomar essa decisão.

Convergência: O reconhecimento deve estar condicionado ao tipo de comportamento que está sendo reconhecido. O reconhecimento desconectado fica generalizado. O reconhecimento convergente é específico, dado logo após o funcionário exibir o desempenho desejado.

Inclua o reconhecimento pelo sucesso dos funcionários como tema de conversas e reuniões, tanto privadas quanto públicas. Homenagens inesperadas são eficazes. Independentemente da metodologia adotada, ao reconhecermos o sucesso e os pontos fortes dos funcionários, criamos um ambiente organizacional positivo, mesmo em tempos difíceis.

Mas não apenas isso: as chances dos funcionários alcançarem grandes resultados são maiores quando o gerente foca nas realizações, em vez de enfatizar as falhas e os resultados negativos. Pesquisas na área da psicologia demonstram que o reforço positivo funciona melhor que o negativo. O reforço positivo aumenta a frequência do comportamento desejado e melhora o ânimo dos funcionários.

Resumindo, às vezes tudo se resume a dizer "obrigado" – uma palavra que muitos funcionários nunca ouvem. Mais da metade deles relatam que os maiores incentivos motivacionais são expressões de gratidão por parte dos gestores. Então, agradeça! E recompense seus funcionários por suas pequenas e grandes vitórias. Você pode elogiá-los por terem alcançado um objetivo, mas também deve elogiar o progresso deles na direção desses objetivos.

O RECONHECIMENTO DOS COLEGAS

Seus funcionários vão gostar que você reconheça o bom desempenho deles no trabalho, mas ser reconhecido pelos seus próprios colegas tem uma importância única para eles. Esse tipo de reconhecimento é um acontecimento raro e considerado algo verdadeiramente sincero e merecido. Isso ocorre porque os próprios funcionários avaliaram e selecionaram um deles para elogiar e gratificar.

Incentive os funcionários a elogiarem os colegas e crie um programa ou premiação no escritório para que elogios vindos de colegas de trabalho ocorram com mais frequência. Por exemplo, permita que eles reconheçam um colega criando uma espécie de "People's Choice Award." [premiação norte-americana dada à pessoas da área do entretenimento votadas *on-line* pelo público em geral e pelos fãs]. Esse tipo de ação faz com que os funcionários observem mais o trabalho dos colegas e desenvolve a camaradagem.

O ELOGIO SANDUÍCHE

A maneira usada por você para corrigir um funcionário tem um grande impacto na forma como ele vai reagir. Se errar, é provável que o funcionário que você gostaria de motivar acabe desmotivado devido a essa experiência. Considere o exemplo de um funcionário cujo comportamento você deseja elogiar, mas, ao mesmo tempo, corrigir:

> Ei, Susan, só quero agradecer por limpar tão bem as mesas dos clientes. O problema é que alguns garçons estão reclamando que você está sendo seletiva – algumas mesas são limpas imediatamente, enquanto outras ficam sujas por quinze ou vinte minutos até que você vá limpá-las. O que está acontecendo?

O problema com essa abordagem é que quando você faz um elogio seguido por uma correção, o funcionário não vai ouvir o elogio – ele vai ouvir apenas a correção. Embora você queira que ele mude o comportamento, ao colocar o foco na correção, você estragou a oportunidade de elogiá-lo e aumentar sua motivação e comprometimento.

Então, qual é a solução? O elogio sanduíche.

Bill Tobin é dono e gerente do Tiki's Grill & Bar, o restaurante mais movimentado de Waikiki. O estabelecimento tem mais de 180 funcionários diretos e suas vendas cresceram dois dígitos nos últimos cinco anos consecutivos. A abordagem usada por Bill para motivar os funcionários é chamada por ele de "elogio sanduíche". Um elogio sanduíche acontece quando você coloca a correção entre dois elogios, assim como colocaria um hambúrguer entre as duas metades do pão.

Como você provavelmente sabe, sobretudo se for um novo gerente ou um novo líder, algumas pessoas têm dificuldade para encontrar as palavras certas e ficam nervosas ao orientar outras pessoas. Talvez elas não sejam naturais na maneira como falam com as pessoas ou não se sintam confortáveis em dar *feedbacks*. O elogio sanduíche é uma ótima maneira de parabenizar e corrigir os funcionários, e ensinar as pessoas que trabalham com você a dar *feedbacks* aos outros.

A ideia por trás do elogio sanduíche é a seguinte: quando você estiver dando *feedback* a um funcionário, primeiro o elogie ou diga algo positivo, para em seguida dizer algo negativo, ou seja, corrigi-lo. Essa é a parte do meio do sanduíche, o hambúrguer no pão. Então, termine com algo positivo. Você pode reutilizar o mesmo positivo citado anteriormente, mas em geral os gerentes que usam esse método usam dois positivos diferentes de cada lado da situação negativa.

Veja um exemplo: Digamos que eu sou um novo gerente que está treinando um garçom.

– Eu quero que você limpe e prepare esta mesa.

O garçom faz o serviço, e eu lhe digo:

– Ok, foi um ótimo trabalho.

Esse é o primeiro elogio.

– Mas demorou um pouco mais do que deveria – precisamos que essas mesas estejam limpas em trinta segundos, não em um minuto. Então, precisamos melhorar um pouco nisso.

Essa é a correção.

– Mas eu realmente gosto da atenção que você dá aos detalhes. Bom trabalho!

Esse é o segundo elogio.

Quando você segue essa ordem ao dar *feedback* – positivo, negativo, positivo –, diminui o impacto do negativo no indivíduo e torna o processo mais fácil para você ao adotar um método comprovado e que é fácil de lembrar. E para os líderes que talvez sejam um pouco mais tímidos, o fato de enfatizar o positivo torna a experiência mais confortável para *você* também.

Há uma questão a ser considerada quanto ao elogio sanduíche: Bill Tobin não recomenda usá-lo caso você seja um líder sênior que trabalha com um grupo de pessoas seniores, se você fizer parte de uma equipe que está junta há muito tempo, ou se for um líder muito experiente. Um grande líder precisa saber lidar com os funcionários por meio de uma comunicação franca e transparente, então, quando for hora de um *feedback* crítico, é possível ser franco e ir direto ao ponto, sem a necessidade de suavizar nenhum dos lados com o sanduíche.

INDO A FUNDO NOS INCENTIVOS NÃO MONETÁRIOS

"Você recebe pelo tanto que oferece" é o princípio mais comprovado de gestão de desempenho conhecido. Nestes tempos de mudanças rápidas, precisamos de funcionários comprometidos e engajados ao trabalho. Nenhuma empresa pode continuar empregando homens e mulheres que não contribuam. E nenhuma empresa pode deixar de lado uma parte essencial do negócio: reconhecer e gratificar, como falamos anteriormente. A boa notícia é que um excelente programa de bonificações não precisa ser caro – ele, na verdade, não precisa ter custo algum.

Pergunte aos funcionários o que mais os motiva a fazer um bom trabalho e descobrirá que o dinheiro quase nunca é a motivação número um. Na maioria das pesquisas, o dinheiro não aparece nem mesmo entre os cinco principais itens citados. Esse fato foi confirmado em diversos estudos.

Em 1946, o Instituto de Relações Trabalhistas de Nova York publicou os resultados de uma pesquisa com funcionários e gerentes, perguntando quais fatores eram mais importantes para a satisfação dos funcionários no trabalho.[2] Quando a pergunta foi direcionada aos gerentes, eles citaram os cinco itens a seguir como principais (a partir de uma lista com dez opções):

1. Bons salários
2. Segurança no trabalho
3. Oportunidades de promoção/crescimento
4. Boas condições de trabalho
5. Trabalho interessante

Quando, porém, os *trabalhadores* responderam à mesma pergunta, um conjunto completamente diferente de respostas surgiu:

1. Gratificação pelo trabalho realizado
2. Sentir-se "parte" dos processos
3. Receber ajuda em problemas pessoais
4. Segurança no trabalho
5. Bons salários[3]

Passaram-se décadas desde a realização dessa pesquisa, mas pouca coisa mudou em relação às crenças errôneas dos gestores a respeito de seus funcionários. Os gestores acham que sabem exatamente o que os funcionários querem, mas não só não sabem como partem erroneamente do princípio de que eles estão principalmente interessados em coisas como dinheiro, segurança no emprego e promoções. Acontece que nada está mais longe da realidade do que isso. E, na medida em que alguns deles de fato se concentraram em tais coisas, são os gerentes e suas profecias autorrealizáveis que muitas vezes fazem isso vir a se tornar real.

Então, o que está faltando? Como gestores podem se enganar tanto? O que os funcionários desejam de fato?

Os funcionários querem o reconhecimento dos seus gerentes e da empresa pelo bom trabalho que realizam – nada mais, nada menos. Vamos agora dar uma olhada em algumas maneiras eficientes de baixo custo ou de custo zero para reconhecer os funcionários.

Recompensas de baixo custo. Trata-se de um tipo de recompensa que custa muito pouco dinheiro e que é fácil de ser distribuída aos funcionários. Um exemplo clássico de recompensa barata é o vale-presente, um valor que pode ser trocado por mercadorias em diversos tipos de lojas.

Itens simbólicos. Aqui podemos incluir qualquer coisa, desde fichas com o logotipo da empresa que podem ser trocadas por vales-presente no final do mês até bonés, jaquetas, canetas, canecas, cadernos e outros itens impressos baratos que os funcionários ficam felizes em receber e sentem orgulho ao usar. O benefício desses programas é que os funcionários ficam mais focados em manter o comportamento desejado e acabam se divertindo no processo de conquista das recompensas.

Brindes do chefe. São itens de pequeno custo que uma empresa ou um gestor específico disponibiliza aos funcionários como uma lembrancinha simples e atenciosa. Podemos incluir aqui itens de café da manhã ou almoço, como água e refrigerantes, lanches, entre outros.

Folgas como recompensa. O próprio tempo pode ser usado como forma de reconhecimento e recompensa. Por exemplo, você pode dar aos funcionários vales de folga, dar um dia de folga extra ou uma chance para descansar, ou então fazer ajustes no calendário para oferecer mais flexibilidade. Você pode, por exemplo, dar aos funcionários que fizerem por merecer um vale "Não quero sair da cama", que pode ser usado por eles no momento que desejarem. Os funcionários vão adorar o benefício e consideração recebidos da empresa – e do seu chefe.

Atenção constante. Em última análise, são as coisas que um gestor pode fazer no dia a dia que muitas vezes têm grande impacto na motivação de qualquer funcionário: perguntar como estão seus subordinados, pedir as opiniões deles e agradecer quando fizerem um bom trabalho ou algo que supere as expectativas.

Veja a seguir algumas sugestões que os gestores utilizam para demonstrar apreço por seus funcionários:

- Tendo como foco a equipe como um todo, é possível promover comemorações, atividades para unir o grupo, reuniões motivacionais, premiações e competições.

- Tendo como foco os indivíduos, é possível implementar reuniões individuais e atividades para reconhecer, elogiar e gratificar.

O PODER DO ELOGIO

Se você tem um cão de estimação, já conhece o poder do elogio. (Deixo os gatos de fora aqui, pois eles parecem sempre ter uma atitude independente, pelo menos até você começar a sacudir o saco de comida). Quando você elogia seu cão por pegar uma bola ou um pedaço de pau que você jogou, você aumenta a probabilidade de que ele faça de novo exatamente a mesma coisa.

Isso também acontece com as pessoas. Ao elogiar seus funcionários por fazerem algo que você deseja que eles façam no trabalho, você aumenta a probabilidade de repetirem o mesmo comportamento.

O elogio pode ser feito de três maneiras diferentes: diretamente (pessoalmente, por exemplo: falando um simples "obrigado"), diante de outras pessoas (publicamente, por exemplo: em uma declaração escrita de maneira eloquente lida pelo CEO na cerimônia anual de premiação) e até mesmo quando o funcionário elogiado não estiver por perto (também conhecido como fofoca positiva). Todas essas técnicas de elogio são eficazes, ainda que por motivos distintos.

Quando você elogia alguém diretamente por seu desempenho, você está lhe fazendo uma declaração muito pessoal: "Eu gostei do que fez e estou orgulhoso de você por ter feito isso". Ao elogiar alguém, é possível escolher uma entre várias abordagens:

- Verbalmente (pessoalmente ou por telefone).
- Por escrito (por meio de uma nota, carta ou memorando).
- Eletronicamente (por meio de mensagem de *e-mail*, mensagem de texto ou postagem no *site*).

Quando elogia um funcionário em público, você amplifica várias vezes o poder da ação. Isso ocorre porque a pessoa que recebe o elogio tem a oportunidade de sentir orgulho por ser elogiada na frente de seus colegas por ter feito algo certo. Infelizmente, muitos funcionários não são notados por seus gerentes, a menos que façam algo errado. Isso torna uma ação correta – em especial, quando tomada na frente de outras pessoas – muito mais poderosa. Veja a seguir algumas maneiras comuns de elogiar publicamente o funcionário:

- Em uma reunião de equipe.
- No corredor, enquanto o funcionário conversa com colegas de trabalho.
- Em um *e-mail* enviado para a equipe do funcionário.
- Em um quadro de avisos da empresa ou do departamento.
- Em uma cerimônia anual de premiação.

Elogiar os funcionários quando eles não estão por perto é uma ótima maneira de espalhar sua mensagem por toda a organização; eventualmente, suas palavras chegarão à pessoa pretendida. Mas, em vez de ficar chateada com a fofoca contada pelas costas, ela vai ficar contente. Da mesma maneira que fazer elogios em público tem um efeito multiplicador, elogiar uma pessoa quando ela não está por perto também tem. Isso ocorre porque o elogio passa pelos ouvidos de um número potencialmente grande de colegas de trabalho antes de chegar ao funcionário que foi elogiado, tornando tudo ainda mais valioso ao destinatário. É possível elogiar um funcionário quando ele não estiver por perto das seguintes maneiras:

- Envie um *e-mail* a um colega de trabalho do funcionário elogiando algo que ele tenha feito.
- Elogie o funcionário durante uma reunião de equipe da qual ele não esteja participando.
- Peça a outro gerente que agradeça a seu funcionário por alguma ação dele que tenha deixado você satisfeito.

Lembre-se: elogiar um funcionário por um trabalho bem executado não custa nada a você nem à sua organização, e não há limite para a quantidade de elogios que pode dar aos seus funcionários. O elogio é um recurso renovável, então, por que não espalhá-lo?

AGENDA DE AÇÕES

Os principais elementos usados pelos gestores para motivar seus funcionários nos dias de hoje tendem a ser intangíveis, interpessoais e relativamente fáceis de implementar.

A boa notícia é que você pode começar a reconhecer e elogiar seus funcionários imediatamente – não é preciso esperar para que a diretoria autorize a iniciativa ou aprove um orçamento específico para isso. Basta pegar o telefone, digitar um *e-mail* ou ir até um funcionário e dizer "obrigado!".

Nos próximos dias e nas próximas semanas, sugiro que implemente os seguintes pontos em uma agenda de ações:

1. Descubra o que motiva seus funcionários (por meio de discussões individuais ou em grupo, pesquisas etc.).

2. Defina objetivos específicos individuais e para sua equipe.

3. Defina as gratificações apropriadas para cada objetivo alcançado.

4. Repita as ações, conforme necessário.

Parte III

TÍPICOS DESAFIOS ENFRENTADOS POR NOVOS CHEFES

Para agregar valor aos outros, é preciso primeiro valorizar os outros.

– JOHN MAXWELL, autor e palestrante de liderança

O ambiente global de negócios está em constante transformação e sempre em movimento, e o mesmo ocorre com as organizações e as pessoas que trabalham nas empresas que fazem parte dele. Isso gera uma série constante de desafios para os gestores, que devem resolver problemas e capitalizar oportunidades. Nesta parte, vamos focar nos desafios mais críticos:

- Recrutar e reter os melhores funcionários.
- Lidar com problemas dos funcionários.
- Lidar com a disciplina e as demissões.

- Derrubar barreiras organizacionais.
- Incentivar os funcionários a experimentarem e a assumirem riscos.
- Gerenciar uma força de trabalho diversificada.
- Lidar com políticas organizacionais.

11

Achado Não é Roubado: Como Recrutar e Manter os Melhores Funcionários

Pessoas não são o seu ativo mais importante. Pessoas certas, essas sim o são.

– JIM COLLINS, autor

Uma das responsabilidades mais importantes que você tem como gerente é contratar pessoas competentes para sua organização. Uma grande empresa é composta por ótimas contratações, por isso não subestime a importância do processo seletivo – ele determina em grande parte o grau de sucesso do seu negócio.

Não tem certeza quais são as competências que você deve buscar nos candidatos? Considere estas importantes características:

Tem iniciativa: Os funcionários que têm iniciativa no trabalho são aqueles que progridem. Se você reconhece a capacidade de um candidato para a versatilidade e o desembaraço na execução das funções, você pode ter em mãos uma contratação em potencial.

Boa postura: Você passará muito tempo com os profissionais contratados no escritório, em reuniões ou em outros lugares. Vai ser agradável conviver com esse candidato? Lembre-se de que uma postura positiva ajuda na realização de uma tarefa, seja em momentos de sucesso *ou* desafiadores.

Tem experiência: Use a entrevista como uma oportunidade para confirmar se o candidato é mesmo capaz de executar o trabalho. Ter experiência prévia em outras funções pode ser útil.

Trabalha com afinco: Mesmo que um candidato não tenha treinamento ou experiência, se for trabalhador, você sabe que é provável que ele execute as tarefas. O sucesso não é garantido apenas pelas habilidades: uma ética de trabalho sólida também desempenha um papel importante nesse caso. Apenas certifique-se de que o resultado do trabalho esteja alinhado com os objetivos e estratégias da empresa.

Trabalha bem em equipe: As organizações de hoje são, em sua maioria, formadas por equipes. O candidato se sente confortável trabalhando com outras pessoas? Ele entende o valor da colaboração no local de trabalho?

Tem recursos: Uma contratação inteligente é boa, mas uma contratação de alguém com muitos recursos é excelente. Quem é engenhoso não se limita à própria inteligência: ele na verdade sabe como navegar pelos obstáculos e buscar recursos disponíveis para encontrar as melhores soluções em um ritmo mais acelerado.

Se encaixa na cultura da empresa: Os valores e as missões variam dependendo dos negócios e das empresas. A cultura da empresa é única e, mesmo que um candidato pareça bom para a vaga, isso não significa que ele necessariamente se encaixará na cultura da empresa.

É dedicado: Você não quer apenas um candidato qualificado, mas também um candidato dedicado e leal. A contratação e o treinamento são tarefas caras para qualquer empresa, e é por isso que você quer alguém que permaneça no cargo por anos. Pergunte aos empregadores anteriores sobre a estabilidade do candidato em outros empregos e por quanto tempo ele permaneceu naquela vaga.

COMO CONTRATAR OS MELHORES

A qualidade do seu negócio é reflexo direto da qualidade das pessoas que você contrata. As boas contratações dão cor e vida ao escritório, enquanto as más contratações frustram os funcionários, desperdiçam tempo e fazem a empresa perder dinheiro. Para selecionar os melhores candidatos para as funções, você precisa criar um grupo de candidatos para serem selecionados. A boa notícia é que é possível encontrar ótimos candidatos em todos os lugares.

Utilizando Canais Tradicionais de Contratação

Veja a seguir alguns métodos infalíveis para ajudar você a encontrar o candidato perfeito em sua busca por novos funcionários:

Use os serviços de uma agência de empregos: Precisa preencher uma posição altamente especializada? Não quer fazer você mesmo a seleção e a triagem dos candidatos? As agências de emprego podem encontrar os candidatos qualificados que está procurando, mas esteja ciente de que elas geralmente são caras.

Considere associações profissionais: Dependendo da sua profissão, é possível que já exista um público específico que pode ajudá-lo a encontrar candidatos. Essas pessoas fazem parte de associações que defendem os direitos desses candidatos. Médicos, por exemplo, geralmente fazem parte de associações médicas estabelecidas nos países onde atuam.

Utilize soluções temporárias: Às vezes, cargos importantes precisam ser preenchidos imediatamente. A contratação de um funcionário temporário vai resolver esse problema e lhe dará mais tempo para encontrar o candidato perfeito. É possível inclusive avaliar se o funcionário temporário é talentoso o bastante para ser contratado definitivamente para o cargo.

Procure internamente: Talvez sua próxima contratação já esteja dentro da empresa! Só direcione seu olhar para fora após avaliar as opções internas. Se você recrutar internamente economizará dinheiro, e o processo de contratação será muito mais simples. Você também pode consultar referências pessoais de funcionários e colegas de trabalho.

Tirando Proveito dos Recursos da Internet

Os anúncios de emprego impressos ainda existem, mas a maior parte deles migrou para a Internet. Uma vez que o recrutamento agora pode ser totalmente digital, certifique-se de tirar proveito do poder da Internet ao pesquisar por novas contratações.

Crie um *site*: Quando a empresa possui uma forte presença *on-line*, isso deixa claro que ela permanecerá relevante na atual era digital. Além disso, se você criar um *blog* da empresa, sua equipe poderá entrar com detalhes sobre os cargos e a cultura organizacional da empresa – esse tipo de exposição pode atrair candidatos em potencial.

Crie uma campanha de e-mail: Você tem uma *newsletter* da empresa com milhares de assinantes? Utilize-a para enviar *e-mails* informativos com as vagas abertas e divulgar seu processo seletivo.

Use as redes sociais: Plataformas sociais como Facebook e Twitter podem oferecer acesso imediato e em tempo real a candidatos em potencial. Você também pode espalhar informações sobre vagas abertas para milhares de usuários e candidatos com apenas um clique de um botão, por meio de postagens e *tweets*. Considere também o uso do LinkedIn, que foi criado exatamente para que os empregadores se conectem com candidatos para vagas de empregos. É possível buscar por candidatos no LinkedIn utilizando anúncios de empregos pagos na plataforma, por meio da página da empresa no LinkedIn ou nas páginas de perfis dos funcionários. Essas plataformas de mídia social são de uso gratuito (exceto no caso de anúncio pagos) e podem ser muito eficazes, além de permitirem o uso conjunto com *sites* de emprego mais tradicionais (muito usados), como www.catho.com.br ou www.vagas.com.br.

DOMINANDO A ENTREVISTA

Você sabe qual é o seu estilo de entrevistador? Você é do tipo que se prepara para a entrevista momentos antes dela acontecer ou é aquele que passa horas (ou dias) analisando a descrição da vaga, escrevendo perguntas, repassando os currículos? Não é nenhum segredo que para ser um grande entrevistador é preciso se preparar. Veja como dominar adequadamente o processo de entrevista.

Perguntas que você deve fazer

Você quer que o entrevistado dê as melhores respostas possíveis, que indiquem com clareza se o candidato é adequado para a empresa. Mas se você quer receber excelentes respostas, deve fazer excelentes perguntas. As perguntas de uma entrevista geralmente se enquadram em uma dessas quatro categorias:

Como você pode contribuir de forma única para esta organização? Você pode entrevistar uma série de candidatos altamente qualificados que possuam uma ética de trabalho impressionante, personalidade incrível e vasta experiência. Mas a chave para saber quem deve ser sua próxima contratação está na resposta à pergunta: "O que você pode fazer por este negócio?" Concentre-se menos no que sua empresa pode dar ao candidato e mais no que ele pode dar à empresa.

O que o traz aqui? Por que um candidato está usando seu tempo para sentar-se com você hoje? É por mera necessidade de ter um emprego e garantir renda ou este candidato sabe que sua empresa combina com o estilo dele?

Como você se descreve? Você vai passar muitas horas de trabalho com os funcionários, por isso certifique-se de contratar pessoas com quem gosta de estar. Essa pergunta também permite que você tenha uma noção do tipo de trabalhador que eles são, pois as respostas revelarão se eles se consideram trabalhadores confiáveis, honestos e éticos.

Nossa faixa salarial é aceitável? Os melhores candidatos podem ser altamente qualificados, mas o candidato perfeito é altamente qualificado *e* está satisfeito com o valor oferecido como salário.

O que fazer durante a entrevista

Para realizar uma contratação fantástica, é preciso conduzir uma entrevista fantástica. Para isso, siga os seguintes procedimentos:

Revise os currículos antes das entrevistas: O melhor é revisar o currículo do entrevistado na manhã do dia da entrevista, não no momento da entrevista em si. A revisão prévia permite que você aborde os detalhes que mais chamaram sua atenção.

Conheça a descrição da vaga: Não surpreenda seus entrevistados com novas incumbências e requisitos durante a entrevista. Em vez disso, tenha o cuidado de comunicar claramente as responsabilidades do cargo com antecedência na descrição dos pré-requisitos para o cargo.

Escreva perguntas de antemão: Que habilidades e experiências você procura nos candidatos? Faça uma lista com esses requisitos e elabore perguntas que lhe darão informações valiosas sobre o candidato.

Tome nota: Todos gostaríamos de ter uma memória infalível, mas a realidade é que às vezes esquecemos detalhes importantes das coisas que são ditas pelos candidatos. Anote as respostas dos entrevistados e até mesmo suas primeiras impressões sobre eles.

O que não fazer nas entrevistas

Você já sabe o que deve fazer durante o processo de entrevista, mas e quanto às coisas que devem ser evitadas ao máximo? Algumas delas têm a ver com manter seu profissionalismo e seguir as boas práticas dos negócios. Por exemplo, é melhor recusar qualquer convite que você venha a receber dos candidatos.

Além disso, alguns possíveis erros cometidos durante o processo de entrevista podem levá-lo a uma situação difícil. A discriminação pode ser verificada durante as entrevistas se você fizer as perguntas erradas. Por exemplo, nos EUA, você não tem permissão para perguntar se um candidato é deficiente; entretanto, você pode perguntar se ele é capaz de cumprir com sucesso certas tarefas. Dependendo da situação, perguntar sobre os seguintes assuntos pode resultar em problemas jurídicos: idade, deficiência, raça, religião, orientação sexual, sexo, ficha criminal, altura, peso e nacionalidade. Foque suas perguntas nas habilidades do candidato e nos critérios relevantes para o cargo.

COMPARANDO OS CANDIDATOS

Depois de reduzir o número de candidatos a alguns poucos bem avaliados, você precisa decidir quem vai contratar. Mas não faça isso antes de fazer mais algumas pesquisas sobre seus candidatos.

Cheque referências

Se um currículo lhe parece bom demais para ser verdade cheque as referências. Essa é uma forma eficaz de confirmar se alguém é quem diz ser. Mesmo que o candidato pareça ser confiável, evite contratar novos membros da equipe sem realizar uma verificação completa de antecedentes.

Verificar as referências também oferece uma visão mais ampla de como o candidato trabalha e como ele se comporta em situações sociais. Considere verificar as referências acadêmicas e entre em contato com supervisores em empresas por onde ele passou para saber sobre suas experiências anteriores de trabalho. E, como sempre, a Internet está à sua disposição. Utilize mecanismos de pesquisa ou consulte perfis de mídia social para descobrir mais detalhes sobre uma possível contratação.

Contratando os melhores

Ao realizar o trabalho de classificação dos candidatos, você deve ter em mente algumas dicas para tomar a melhor decisão possível. Por exemplo, seja objetivo durante esse processo e concentre-se nos fatos e nas qualificações, não no charme ou em personalidades encantadoras. Quais qualidades indicam a capacidade de um candidato de apresentar bom desempenho e quais qualidades não devem influenciar na sua escolha? Elimine preconceitos e lembre-se de que a diversidade ajuda a desenvolver as organizações.

Se você está tendo dificuldades para escolher entre vários candidatos incrivelmente habilidosos e qualificados (mesmo depois de analisar os dados objetivos), confie no seu instinto. Permita usar um pouco de subjetividade no processo de tomada de decisão; considere também dar tarefas aos candidatos e compare os resultados.

Por fim, às vezes não há um candidato claramente vencedor durante o processo seletivo. É perfeitamente aceitável fazer uma nova análise do grupo de candidatos e ver quem, com um pouco de treinamento, pode desenvolver seu potencial e contribuir com a empresa. Se ninguém se destacar, não preencha a vaga apenas por preenchê-la. Espere pela pessoa certa para sua organização, ou você enfrentará problemas criados por uma contratação inadequada.

12
Uh! Oh! – Lidando com Problemas dos Funcionários

Não se envergonhe dos seus erros. Aprenda com eles e comece de novo.

– RICHARD BRANSON, fundador do grupo Virgin

Para muitos de nós, a palavra *disciplina* não traz lembranças felizes, seja no trabalho ou em nossa vida pessoal. Mas o que *disciplina* significa para você? Sua organização a define de maneira diferente ou ela sempre teve uma conotação negativa? Já houve algum momento em que os funcionários (ou você) ansiaram por disciplina?

A verdade é que os termos "disciplina" e "punição" têm o mesmo significado aos olhos dos funcionários. Mas a realidade é muito diferente. Disciplinar um funcionário pode ser de fato uma experiência positiva se isso for conduzido da maneira correta. Esse processo pode ajudar a dar orientação e treinamento aos funcionários, de forma a melhorar o desempenho deles. Praticar a disciplina também pode trazer certos problemas ou preocupações à tona e, assim, proporcionar a possibilidade para que seus funcionários os corrijam.

Dependendo do histórico profissional do funcionário em questão e da natureza e da gravidade do problema, há uma ampla gama de métodos disciplinares disponíveis. Um funcionário pode ser demitido ou receber aconselhamento verbal: "Seu orçamento foi entregue três dias após o prazo. Preciso que todos os orçamentos sejam apresentados dentro do prazo". Se o problema se repetir com frequência e o funcionário não tiver um bom histórico de desempenho, você pode ajustar seu método de ação disciplinar conforme achar adequado.

Em geral, os funcionários são disciplinados por estes dois principais motivos:

Conduta imprópria: Se um funcionário se comportar de maneira inadequada ou inaceitável com você, com a organização ou com relação as leis, ele pode sofrer uma ação disciplinar.

Problemas de desempenho: Cada cargo conta com uma série de metas que precisam ser cumpridas como parte do trabalho. Quando um funcionário deixa de cumpri-las, algum tipo de medida disciplinar deverá ser aplicado.

O gestor precisa tomar medidas disciplinares quando o desempenho dos funcionários ficar abaixo do esperado ou quando se comportarem mal. Na verdade, grandes gestores percebem esse tipo de problema muito antes de se tornarem grandes empecilhos e saírem do controle. Gestores eficazes sabem colocar os funcionários no caminho certo e entendem que, se não corrigirem seu subordinado no momento certo, eles, os gestores, serão os culpados pelo baixo desempenho ou pela má conduta do funcionário.

Não se esqueça: o objetivo da disciplina não é punir os funcionários, e sim melhorar o desempenho deles no trabalho.

Qual é o momento apropriado para se tomar medidas disciplinares? É altamente recomendável que você não procrastine. Elas devem ser tomadas assim que ocorrer algum problema. Se houver muito tempo entre a ocorrência de um incidente e a medida disciplinar, os funcionários não apenas esquecerão dos detalhes do incidente como também vão pensar que o problema não é sério, pois não foi tratado com urgência.

Caso decida adiar as medidas disciplinares (seja de forma temporária ou definitiva), prestará um desserviço a todos aqueles funcionários que têm bom desempenho. Em última análise, você deve se lembrar que recebe pelo que tolera ou por aquilo que recompensa. Se não advertir os funcionários e permitir ou recompensar comportamentos negativos e baixo desempenho, vai reforçar essas posturas e pode acabar precisando tomar medidas disciplinares com mais frequência do que gostaria.

FOQUE NO DESEMPENHO, NÃO EM PERSONALIDADES

Como gestor, não é seu trabalho descobrir por que os funcionários agem da maneira que agem ou desconstruir e compreender a personalidade deles. Você foi contratado para gerenciar, não para ser o psicólogo interino. Sua responsabilidade é avaliar o desempenho dos funcionários, especialmente em relação aos padrões e à produtividade esperados. Para simplificar, quando eles têm um bom desempenho, você os motiva e os recompensa; quando apresentam desempenho abaixo do padrão, você busca compreender o que está causando esse desempenho insatisfatório e faz correções ou toma medidas disciplinares, caso seja necessário.

Isso, no entanto, não significa que você deve excluir a compaixão enquanto estiver no trabalho. A vida pode colocar à frente de qualquer um de nós desafios tremendos que levam a tempos difíceis. Quando seus funcionários passarem por isso – seja na forma de problemas familiares ou financeiros – você deve fazer o que puder para ajudá-los a superar as dificuldades. No entanto, eles sempre terão que atender aos padrões de desempenho, porque permitir padrões de desempenho diferentes entre seus subordinados invariavelmente conduzirá ao desequilíbrio da organização e deixará os funcionários infelizes.

As medidas disciplinares que você aplica devem ser administradas de maneira consistente e justa. Isso significa que, antes de disciplinar um funcionário, você avaliou seus níveis de desempenho e não tirou conclusões precipitadas ou julgou-o antes de examinar todos os fatos por trás da situação ou diante da incapacidade dele em apresentar bom desempenho. Aja sem favoritismo, comunique os padrões de desempenho com clareza a todos os contratados e certifique-se de que todos os funcionários compreendam absolutamente a política da empresa.

Você pode orientar seus funcionários, mas lembre-se de que a forma como atuam e se comportam é responsabilidade deles.

MOTIVOS PELOS QUAIS ALGUNS GESTORES EVITAM LIDAR COM PROBLEMAS RELACIONADOS A FUNCIONÁRIOS

Poucos gestores gostam de passar as manhãs disciplinando seus funcionários ou lidando com os problemas relacionados a eles. Mesmo que você tenha motivos claros e óbvios para aconselhar, disciplinar ou até mesmo demitir um funcionário, não é uma tarefa particularmente agradável. Mas quanto mais cedo você lidar com os problemas de desempenho deles, mais cedo serão resolvidos. Não deixe que os seguintes motivos comprometam o tempo que você demora para lidar com os problemas de desempenho de seus funcionários:

> **Envolvimento emocional:** Talvez você se torne amigo de alguns dos seus funcionários, pois passará muito tempo com eles. Mas isso pode se tornar um problema se desenvolver apego emocional e for preciso discipliná-lo ou demiti-lo.
>
> **Como você vai ser visto:** Você acha que se um funcionário precisar ser corrigido ou demitido, isso significa que você falhou como gestor? Não tolere baixo desempenho no local de trabalho achando que esses problemas de desempenho vão lançar luz sobre suas próprias deficiências.

Medo de processos legais: Se a possibilidade de um processo o deixar desconfortável, talvez você fique tentado a postergar a decisão de disciplinar ou demitir o funcionário, mas isso só vai aumentar e agravar os problemas. Convoque uma reunião com um advogado ou com o conselho geral da empresa para avaliar suas opções jurídicas.

Medo do desconhecido: Não é possível prever como um funcionário vai reagir ao ser corrigido ou demitido. Pode ser que ele manifeste uma crise emocional com a qual você não está preparado para lidar. A fim de superar esse medo, estude o processo de demissão, converse com o departamento de recursos humanos e peça apoio. Assista outros funcionários serem corrigidos e demitidos antes de conduzir uma ação desse tipo por conta própria.

CRIANDO UM PLANO DE MELHORIAS

Precisa de um plano para melhorar a disciplina de seus funcionários? O plano de melhoria de desempenho é uma parte importante do processo disciplinar. Ele descreve quais são as etapas que um funcionário precisa finalizar em um determinado período para melhorar seu desempenho.

Falhas de desempenho de menor importância não demandam um plano; um aconselhamento verbal deve ser suficiente. Além disso, a má conduta do funcionário também não pode ser corrigida pelo plano de melhoria de desempenho, uma vez que a má conduta deve ser corrigida imediatamente.

Mas se o funcionário em questão está cometendo erros habituais que exigem medidas disciplinares mais severas, a história é diferente. Nesse caso, um plano de desempenho é exatamente o que você precisa. Ele é composto por três partes:

Declaração de metas: O que pode ser definido como uma melhoria satisfatória? Vincular as metas a padrões de desempenho como, por exemplo, "Enviar todos os relatórios semanais dentro do prazo estipulado ou antes dele".

Um cronograma: Um plano não pode ser bem-sucedido sem um cronograma. Defina uma data de conclusão e outras datas fixas para entregas parciais. Essa parte pode definir algo como: "Alcançar esta meta dentro de quatro meses a partir da criação deste plano".

Treinamento e recursos necessários: Esta parte abrange um resumo do treinamento e dos recursos que vão elevar o desempenho dos funcionários a padrões aceitáveis: "Monte um programa de três semanas sobre como gerenciar melhor o tempo".

IMPLEMENTAÇÃO DO PLANO

Depois da sua elaboração, é crucial que o plano seja seguido à risca. Ao estabelecer planos de melhoria de desempenho com os funcionários, é preciso muita atenção ao progresso deles. Faça acompanhamentos periódicos com seus funcionários para garantir que o plano não esteja sendo esquecido. Certifique-se de que ele esteja sendo implementado e verifique os avanços realizados. Certifique-se de que o cronograma esteja sendo cumprido e observe se você está fornecendo o treinamento e os recursos adequados que eles disseram que precisariam.

Agende reuniões recorrentes com relatórios de acompanhamento do progresso; eles não apenas fornecerão informações importantes sobre o progresso, mas também irão mostrar para seus funcionários que você está dedicado no progresso deles. Se um funcionário não puder manter o desempenho de acordo com os padrões, você deve considerar se ele realmente é adequado para o emprego e para a organização.

13

Quando Boas Pessoas Tomam o Caminho Errado: Disciplina e Rescisão

Se não disciplinarmos a nós mesmos, o mundo fará isso por nós.

– WILLIAM FEATHER, editor e autor

Como você deve se lembrar, conforme abordado no capítulo anterior, quando precisamos disciplinar um funcionário, em geral é por problemas de desempenho ou má conduta. Os problemas de desempenho em geral são corrigidos com treinamento e orientação, e não são inteiramente culpa do funcionário. Problemas de desempenho também costumam ser transgressões menos graves, que exigem uma ação disciplinar menos severa do que aquelas associadas à má conduta – isso ocorre porque a má conduta é tipicamente um ato que o funcionário realiza de maneira deliberada.

Um sistema disciplinar de duas vias, que abrange tanto o desempenho quanto a má conduta, faz parte do que chamamos de *disciplina progressiva*. Para se chegar ao comportamento desejado de um funcionário utilizando esse método, é preciso começar pela medida disciplinar menos severa. Por exemplo, se um funcionário não melhorar o desempenho após ser advertido verbalmente, faça uma advertência por escrito. Seu objetivo com a disciplina progressiva é ajudá-lo a compreender qual comportamento precisa ser corrigido antes que seja necessário tomar medidas mais severas, como rebaixamento de função, redução salarial ou demissão.

Antes de seguir adiante com esse método disciplinar, decida se o desempenho ou a má conduta precisam ser corrigidos. E, em seguida, decida o grau de gravidade da transgressão e a melhor maneira de comunicar sua resposta às ações do funcionário.

COMO LIDAR COM PROBLEMAS DE DESEMPENHO

Embora diferentes empresas avaliem a questão do desempenho de maneiras diferentes, funcionários em geral são classificados nos parâmetros de: desempenho inaceitável, aceitável ou excelente. Medidas disciplinares precisam ser adotadas em casos de desempenho inaceitável, quando os funcionários não atingem os padrões estabelecidos e é preciso corrigir as áreas que ficaram abaixo da meta.

Veja a seguir uma lista de medidas disciplinares ordenadas da menos severa à mais severa. Aplique esses princípios para corrigir um funcionário, comece com a medida menos severa e veja se consegue mudar o comportamento dele. Se o funcionário não melhorar o comportamento, aplique a etapa seguinte.

Etapa 1 – Aconselhamento verbal: É a forma disciplinar mais comum. Geralmente é a primeira medida tomada pelos gerentes para corrigir um comportamento ou desempenho. Pode ser formal, em uma reunião, ou casual, ao encontrar-se com o funcionário.

Etapa 2 – Aconselhamento escrito: Se o aconselhamento verbal não for eficaz, utilize o aconselhamento escrito. Ele documenta o desempenho do funcionário e geralmente leva a discussões verbais sobre planos de melhoria.

Etapa 3 – Avaliação negativa de desempenho: Se os aconselhamentos verbal e escrito não produzirem resultados, considere esta opção, que pode ser tomada a qualquer momento.

Etapa 4 – Rebaixamento de função: Embora seja algo desmoralizante, esta etapa melhorará o desempenho do funcionário, porque vai colocá-lo em um cargo que ele seja capaz de ocupar e em uma função na qual tenha condições de se destacar.

Etapa 5 – Rescisão contratual: A demissão de um funcionário costuma ser o último recurso, depois que todas as outras opções falharam. Lembre-se de documentar bem as deficiências e o mau desempenho do funcionário demitido para evitar uma ação judicial por demissão indevida.

LIDANDO COM A MÁ CONDUTA

A má conduta tem suas particularidades, bem como sua própria linha disciplinar. Não pode ser tratada da mesma maneira que problemas de desempenho por ser uma transgressão mais grave. A má conduta revela deficiências existentes nas atitudes, nas crenças ou na ética dos funcionários. Observe a diferença de linguagem quando se trata de medidas disciplinares para má conduta (ou seja, o *aconselhamento* verbal torna-se *advertência* verbal).

Como gestor, você deve lidar com a má conduta de forma mais severa do que com os problemas de desempenho. A melhoria do desempenho do funcionário leva tempo para ser alcançada, mas a conduta imprópria deve cessar no mesmo instante, especialmente se a ofensa cometida tiver implicações legais importantes para você ou para a empresa. As etapas disciplinares são apresentadas em ordem crescente de gravidade, e o que você decidir fazer deve estar alinhado ao histórico do funcionário e à gravidade da infração.

> **Etapa 1 – Advertência verbal:** Use advertências verbais para lidar com as primeiras ofensas e atos menores de má conduta; diga ao funcionário que seu comportamento é inaceitável e deve ser erradicado.
>
> **Etapa 2 – Advertência por escrito:** Se as advertências verbais forem ignoradas ou não forem compreendidas,

ou se a infração exigir uma ação disciplinar mais séria, use uma advertência por escrito para informar seu funcionário sobre a gravidade da situação em questão.

Etapa 3 – Repreensão: Má conduta grave ou má conduta recorrente precisa ser advertida com severidade, algo que geralmente é feito por meio de um aviso por escrito. Tais reprimendas devem ser conduzidas por um gestor de alto escalão.

Etapa 4 – Suspensão: Trata-se de uma licença obrigatória e sem direito a remuneração. O funcionário é afastado do escritório para preservar o moral ou a segurança dos demais. Uma suspensão não disciplinar também pode ocorrer se as acusações de má conduta estiverem sendo investigadas (nesse caso, o funcionário geralmente continua recebendo durante esse período de avaliação da situação).

Etapa 5 – Rescisão: Além de repetidas condutas impróprias, alguns incidentes graves (roubo, violações de segurança e outras más condutas graves) justificam a demissão do funcionário.

COMO DISCIPLINAR UM FUNCIONÁRIO

Independentemente das ações disciplinares que você escolher adotar, é muito importante saber lidar com a situação em questão. Em última análise, você quer que os funcionários entendam o que está errado, como eles contribuem para o problema e como corrigir as coisas. É possível fazer isso criando um guia disciplinar. Veja como fazê-lo, e garanta que medidas adequadas sejam tomadas ao disciplinar os funcionários.

Etapa 1 – Especifique o comportamento incorreto: Seja bastante específico ao descrever o que seu funcionário está fazendo de errado. O que, exatamente, é inaceitável? Quando isso aconteceu? Lembre-se de enfatizar o comportamento do funcionário e se concentrar menos nele em si. Não é pessoal, trata-se de negócios.

Etapa 2 – Descreva como a questão afeta o trabalho: A equipe deve saber como o mau comportamento afeta não apenas os outros funcionários, mas também o trabalho que está sendo realizado.

Etapa 3 – Mostre o que precisa ser mudado: Você pode dizer à pessoa o que fez de errado, mas o mais importante é dizer a ela como fazer a coisa certa.

Etapa 4 – Discuta as consequências: Naturalmente, se o desempenho ruim continuar, é preciso dizer ao funcionário quais serão as consequências de suas ações.

Etapa 5 – Ofereça suporte: Se quer que seus funcionários se desenvolvam, lhes ofereça apoio genuíno. Se perguntar apenas como você pode ajudá-los, isso já fará maravilhas.

Um documento criado a partir das etapas desse guia disciplinar, embora simples, em geral leva a mudanças significativas no local de trabalho. Veja a seguir um exemplo de roteiro:

Você chegou atrasado todos os dias desta semana. Devido à sua incapacidade de chegar no horário, você perdeu detalhes importantes das reuniões e os projetos não foram concluídos. Caso se atrase mais uma vez, receberá uma advertência do meu superior. Mas vamos trabalhar para evitar que isso se repita. Eu sei que você é capaz de chegar na hora!

NEM TODA RESCISÃO É IGUAL

Existem várias razões para se rescindir um contrato de trabalho, e existem tipos diferentes de rescisão que podem ser divididos em duas categorias: voluntária e involuntária. Por exemplo, no caso de *rescisões voluntárias*, pode ser que tenha sido oferecido ao funcionário uma melhor remuneração em outro lugar, ou pode ser que ele esteja se desligando por motivos pessoais ou algum outro tipo de problema. Veja a seguir outros exemplos comuns de rescisões voluntárias:

Rescisão voluntária: Se o funcionário sair por conta própria, é possível aprender coisas valiosas com essa demissão. Não podemos manter um profissional na empresa para sempre, mas podemos garantir que os funcionários que temos não saiam voluntariamente por causa de inadequações da empresa. Faça entrevistas de saída com os funcionários para aprender sobre os problemas existentes na empresa e possíveis soluções.

Rescisão incentivada: Uma maneira de ajudar um funcionário a salvar sua reputação antes de ser demitido é incentivá-lo a pedir demissão. Essa rescisão voluntária mantém o registro do funcionário limpo e alivia um pouco da dor decorrente de uma demissão propriamente dita.

Aposentadoria: Quando os funcionários chegam ao fim da sua vida profissional e optam por parar de trabalhar, eles estão se aposentando. Ao contrário da rescisão incentivada ou voluntária, a aposentadoria geralmente é comemorada!

RESCISÕES INVOLUNTÁRIAS

Às vezes, no entanto, a rescisão acontece contra a vontade do funcionário; trate-se de uma *rescisão involuntária*. As rescisões involuntárias não costumam ser agradáveis e geralmente são concretizadas de duas formas:

Demissão: Um funcionário é demitido quando não há mais esperança de corrigir seu desempenho, quando a pessoa empregada não se adaptou ou não consegue exercer sua função na empresa e crescer em um cenário em constante mudança, ou quando foi responsável por uma conduta inadequada e grave.

Dispensas: Uma empresa pode decidir demitir um determinado número de funcionários por motivos financeiros. Isso é chamado de dispensa e ocorre, por exemplo, se a empresa precisa reduzir os custos com folha de pagamento para se manter no mercado. Verifique a política de sua empresa para saber o protocolo de dispensas. Às vezes, o desempenho no trabalho determina quem vai ser dispensado e, em outros casos, isso será definido a partir do tempo de casa dos empregados.

DEMITINDO UM FUNCIONÁRIO

Ninguém gosta de demitir um funcionário. O processo de rescisão não é apenas desagradável, mas também demorado e complicado. Provavelmente, você, como gestor, deve ter muitas dúvidas em relação à logística desse processo.

Por exemplo: qual seria o melhor momento para demitir um funcionário? A resposta é: comece o processo de rescisão assim que você decidir que é necessário dispensar alguém. Não perca mais tempo e recursos da empresa adiando a rescisão.

Talvez você esteja se perguntando como pode se precaver antes de demitir alguém. Em um momento em que até mesmo um leve descuido pode resultar em sérios prejuízos monetários para a empresa, é fundamental que você faça todo o possível para evitar custos decorrentes de rescisões indevidas. Documente o desempenho dos funcionários e guarde todas as provas que deem suporte à sua decisão. Verifique se comunicou de forma clara os padrões de desempenho e se eles são tangíveis, se advertiu o mau comportamento e o baixo desempenho, e se deu tempo suficiente para que o funcionário melhorasse seu comportamento.

Ao iniciar o procedimento de rescisão, envolva o departamento de recursos humanos (RH) – isso vai facilitar os procedimentos legais. Apresente motivos claros para a demissão e preserve a dignidade do funcionário (isso vai reduzir o ressentimento crescente contra você e a organização), faça a reunião de rescisão em um local privado, seja calmo, profissional, compreensivo e demonstre empatia. Embora haja muito trabalho de preparação a ser feito antes do momento da rescisão, as etapas para a demissão de alguém são poucas e simples:

Etapa 1 – Declare que tomou a decisão de rescindir o contrato de trabalho.

Etapa 2 – Cite as políticas e dê uma explicação completa explicando a sua decisão.

Etapa 3 – Comunique a data efetiva da rescisão e informe sobre os demais detalhes relevantes da saída.

DISPENSANDO UM FUNCIONÁRIO

Diferentemente da demissão, a dispensa ocorre quando seu negócio passa por um doloroso *downsizing* ou por uma reestruturação. Normalmente, isso não acontece por uma falha direta dos funcionários, que muitas vezes são trabalhadores leais, produtivos e de alto desempenho. A razão recai sobre outros fatores, como um mercado dinâmico, aumento da concorrência ou fusões.

Quando você precisar realizar dispensas, primeiro envolva o RH, que pode ajudar a criar um processo de rescisão tranquilo e de acordo com a legislação. Em seguida, congele contratações e divulgue para sua equipe o quanto antes que será necessário realizar dispensas planejadas – eles precisarão de um aviso prévio sobre as mudanças na empresa. Em seguida, é possível começar a compilar uma lista de dispensas, mantendo os funcionários mais qualificados, experientes e essenciais para o sucesso da sua organização.

Siga os procedimentos organizacionais ao definir os funcionários que serão dispensados e comece a promover conversas privadas sobre o *status* das rescisões. Reveja os procedimentos de dispensa com minúcia – discuta benefícios, pacotes de indenização e outros acordos. Quando as dispensas forem concluídas, reúna-se com os membros restantes da equipe e conduza a empresa para um futuro mais estável e bem-sucedido.

QUANDO O MAU COMPORTAMENTO EXIGE UMA DEMISSÃO IMEDIATA

Ninguém quer demitir um funcionário, mas às vezes não há outra escolha. Isso acontece quando o comportamento do profissional está tão fora dos limites que mantê-lo por perto coloca em risco outros funcionários, os clientes, a comunidade e a empresa. Diversas infrações exigem rescisão imediata, sem necessidade de se aplicar nenhuma medida disciplinar prévia (como advertência verbal, por escrito, aconselhamento ou suspensão). Os seguintes comportamentos listados abaixo são exemplos dessa situação:

Roubo: Quando funcionários forem pegos roubando, certifique-se de obter provas. Assim, você garante uma boa situação legal se após a demissão o funcionário decidir abrir um processo legal contra a empresa.

Assédio sexual: Ofensas não toleráveis dessa categoria envolvem pedidos de favores sexuais, avanços sexuais indesejados e outras condutas sexuais físicas ou verbais.

Incompetência: Às vezes, não importa quanto esforço dedique ao treinamento de um funcionário, ele simplesmente não foi feito para aquele trabalho. Se você deu tudo de si para ajudar um funcionário a melhorar e mesmo assim ele não consegue apresentar um desempenho satisfatório, dispensá-lo pode ser tanto do interesse dele quanto da empresa.

Chegar ao trabalho sob a influência de drogas ou álcool: Estar embriagado ou sob efeito de drogas no trabalho é motivo suficiente para uma demissão imediata, mas muitas empresas também oferecem aos funcionários a oportunidade de receber aconselhamento por meio de programas de apoio a este tipo de problema.

Insubordinação: Os funcionários são contratados para cumprir ordens. Muitos supervisores permitem que seus subordinados questionem os motivos das ordens a serem seguidas, mas, no final das contas, eles devem estar dispostos a seguir sua orientação. Se o profissional deliberadamente se recusa a fazer o que lhe foi instruído, isso pode ser razão para uma rescisão imediata.

Sempre atrasado: Uma empresa de sucesso é composta por trabalhadores que concluem seus trabalhos dentro do prazo. Atrasos repetidos e não justificados são um mau exemplo para funcionários pontuais e, acima de tudo, afetam a conclusão de várias tarefas programadas.

Abuso verbal e violência física: Você e seus funcionários têm o direito de trabalhar em um ambiente seguro, livre de assédio, abuso verbal e perigo físico. A questão da violência deve ser levada a sério. Você poderá demitir no mesmo instante o funcionário que abusar verbalmente ou agredir alguém. Autoridades policiais podem ser chamadas para ajudar na remoção do indivíduo que se envolver nestes ou em qualquer outro tipo de comportamento agressivo.

Fraudes: Não empregue ninguém que tenha adulterado dados. Se você descobrir que um funcionário forneceu informações fraudulentas durante o processo de contratação (por exemplo, experiências ou diploma falso) ou durante o serviço (por exemplo, cartões de ponto falsificados ou relatórios de despesas falsos), você pode demiti-lo imediatamente.

14

Derrubando Barreiras Organizacionais

Achamos importante que os funcionários se divirtam... a alegria faz aumentar a união dos funcionários.

– TONY HSIEH, CEO, Zappos

A vasta maioria das organizações – pequenas ou grandes, organizações sem fins lucrativos e instituições governamentais – precisam lidar com um grande problema atualmente: a falta de comprometimento dos funcionários. O instituto de pesquisas Gallup monitora de perto o comprometimento dos funcionários, que as organizações costumam definir como o nível de entusiasmo dos funcionários com relação às tarefas e o local de trabalho.

Em seu mais recente relatório sobre os locais de trabalho nos Estados Unidos, o presidente e CEO da Gallup, Jim Clifton, disse o seguinte sobre a questão:

A força de trabalho norte-americana conta com mais de 100 milhões de trabalhadores em tempo integral. Um terço deles [33%] são o que a Gallup define como funcionários comprometidos. Eles amam seus empregos e fazem da sua empresa e dos Estados Unidos um lugar melhor a cada dia. Na outra ponta, 16% dos funcionários estão completamente descomprometidos – eles estão infelizes com seus empregos e destroem o que os funcionários comprometidos constroem. Os 51% restantes não estão nem comprometidos e nem descomprometidos – estão apenas lá.[1]

Perceba como essas estatísticas são ruins. Mas o pior é que elas não mudaram muito ao longo dos anos durante os quais a pesquisa da Gallup foi realizada. Em 2001, por exemplo, 30% dos funcionários entrevistados estavam comprometidos com a empresa e com seu trabalho, 54% não estavam comprometidos e 16% estavam totalmente descomprometidos.[2]

A boa notícia é que, como gestor, você tem o poder de mudar isso. Você tem as ferramentas – e o dever – de criar um local de trabalho e uma cultura organizacional que incentive e promova comprometimento dos funcionários.

Você sabe qual seria a primeira etapa de um processo para estimular e dar autonomia às iniciativas dos funcionários? Se você acha que a resposta tem a ver com discursos motivacionais e palavras de inspiração, talvez esteja ignorando o incrível poder da comunicação eficaz no dia a dia. Quando você se comunica de maneira aberta e honesta com seus subordinados, está dando o primeiro passo para promover envolvimento, e isso pode acabar ajudando você. Quando seus funcionários são diariamente municiados com informações relevantes, eles podem tomar decisões e atitudes de acordo com os melhores interesses da organização. Não apenas suas operações rotineiras vão melhorar, mas também seus resultados financeiros.

Jim Clifton afirma que é possível transformar uma força de trabalho descomprometida em um grupo totalmente comprometido seguindo as seguintes etapas:

Etapa 1 – Convoque uma reunião com o comitê executivo e se comprometa a transformar o local de trabalho de um ambiente conservador baseado em comando e controle em um ambiente de alto nível de desenvolvimento, com trocas de ideias no estilo *coaching* e treinamento contínuo.

Etapa 2 – Mergulhe de cabeça – não coloque apenas o pé. Você tem espaço para cometer muitos erros e até mesmo grandes falhas, uma vez que o sistema em vigor atualmente não está dando resultados.

Etapa 3 – Substitua a cultura de "satisfação do funcionário" – que leva em consideração apenas fatores como o quanto os funcionários apreciam os benefícios e bonificações oferecidos – por uma "cultura de *coaching*".

Etapa 4 – Transforme uma "cultura de contracheque" em uma "cultura de propósito".[3]

Então, o que é preciso para ser um gestor que se comunica com seus funcionários e os e envolve de maneira eficaz?

Exploraremos nas próximas seções maneiras pelas quais um gestor pode engajar seus funcionários.

POR QUE COMPROMETIMENTO?

O nível de comprometimento dos funcionários é algo com que todo gestor deve se preocupar. Por quê? Porque tem impacto grande e direto no desempenho deles e, em última análise, no desempenho da organização. A consultoria Aon Hewitt e o Queen's Center for Business Venturing (QCBV) [Centro de Empreendedorismo da Queen's University] se uniram para determinar a relação entre o nível de comprometimento e o desempenho dos funcionários. De acordo com as pesquisas, as organizações com os funcionários mais comprometidos conquistaram:

- Aumento de 65% no preço das ações.
- Rotatividade de funcionários 26% menor.
- Aumento de 100% no recebimento de candidaturas para emprego não solicitadas.
- Redução de 20% no absenteísmo.
- Aumento de 15% na produtividade dos funcionários.
- Aumento de até 30% no nível de satisfação dos clientes.[4]

A cultura e as políticas de recursos humanos de uma organização têm impacto na eficácia dos seus funcionários, o que por sua vez tem um impacto direto nos negócios. Os quatro fatores críticos de atitude do funcionário que impulsionam o desempenho financeiro são: comprometimento, campo de visão, capacitação e integridade.

Organizações com alto grau de *comprometimento* dos funcionários têm superávit econômico (valor econômico da produção em relação ao valor dos ativos) até seis vezes maior do que aquelas com baixo grau de comprometimento. Como saber se os funcionários estão comprometidos? Muitos fatores contribuem para isso, mas se você quiser fazer um teste rápido, considere estes principais indicadores:

- Os funcionários têm orgulho de trabalhar para sua empresa, a consideram melhor do que as outras e a recomendam como sendo um bom lugar para se trabalhar.

- A satisfação dos funcionários é alta, e eles permanecem na empresa mesmo quando vagas para cargos semelhantes estão disponíveis em outros lugares.

O segundo fator, *campo de visão*, está presente quando os funcionários sabem o que fazer para tornar sua organização bem-sucedida. Organizações com amplo campo de visão apresentam um superávit econômico duas vezes maior do que organizações com campo de visão reduzido. Os funcionários têm campo de visão amplo quando:

- Entendem os objetivos do negócio da empresa, as etapas que serão realizadas para alcançá-los e a forma como suas próprias contribuições individuais se encaixam no panorama geral.

- Recebem informações que relacionam o desempenho da organização e a evolução dela com seus objetivos pessoais.

Um sistema de gerenciamento de desempenho eficaz é crítico para o campo de visão; infelizmente, *efetividade* e *gestão de desempenho* são em geral tratadas como conceitos distintos. As pessoas precisam entender seus objetivos, acreditar que são tangíveis, saber como realizá-los e sentir que são recompensadas por seus esforços.

Assim como o campo de visão, a *capacitação* dos funcionários também pode dobrar o superávit econômico de uma organização. A capacitação é medida a partir do que é oferecido aos funcionários: treinamentos, recursos, ferramentas e equipamentos, que são necessários para a conclusão do trabalho. Até certo ponto, a capacitação reflete na autonomia do indivíduo. Podemos avaliá-la examinando se os funcionários:

- Recebem o treinamento de que precisam para serem eficazes.
- Têm os recursos necessários para serem eficazes.
- Têm carga de trabalho razoável.
- Podem opinar sobre como o trabalho deles é feito.
- Têm uma quantidade suficiente de colegas para realizarem o trabalho.

O envolvimento dos funcionários nas decisões é um fator crítico de capacitação – a administração deve realmente levar em conta a opinião os funcionários e envolvê-los nas decisões que os afetam.

O último fator-chave é a *integridade*. Há integridade quando os funcionários entendem os valores da empresa, estão de acordo com eles e esperam que outros (principalmente seus líderes) façam o mesmo. Ratifico o enorme impacto da integridade. As empresas com baixos níveis de integridade geraram cerca da metade do superávit econômico daquelas com altos níveis de integridade. Estes indicadores podem determinar se os funcionários acreditam que há integridade no local de trabalho:

- Confiam na alta administração.
- Sabem que os gestores seniores punem comportamentos antiéticos.
- Acreditam que seu empregador age com honestidade e integridade.
- Confiam nas informações que recebem da administração.

A importância do comprometimento dos funcionários e de um ambiente de trabalho eficiente foi confirmada de várias maneiras e por muitas organizações. Por exemplo, o Conselho de Liderança Corporativa (CLC) conduziu uma grande pesquisa com suas empresas associadas sobre o comportamento dos funcionários, na qual analisou 300 maneiras para impulsionar o esforço discricionário e melhorar o desempenho das organizações. Eles descobriram que 50 empresas eram visivelmente mais eficazes na criação de esforços discricionários entre os funcionários. *Essas alavancas para impulsionar o comprometimento* foram surpreendentemente consistentes em todos os níveis hierárquicos (gerentes, trabalhadores, funcionários da linha de frente, vendedores, funcionários da geração X e Y e assim por diante).[5]

OS DEZ PRINCIPAIS IMPULSIONADORES DE COMPROMETIMENTO: CONSELHO DE LIDERANÇA CORPORATIVA

As dez principais alavancas são organizacionais e não conduzidas por gestores. Se colocarmos juntos comprometimento e engajamento, os fatores que impulsionam o nível de comprometimento da força de trabalho são os seguintes:

1. Conexão entre trabalho e estratégia organizacional.

2. Importância do trabalho para o sucesso organizacional.

3. Compreensão sobre como concluir os projetos de trabalho.

4. Comunicação interna.

5. Alto nível de compromisso com a diversidade.

6. Demonstração de honestidade e integridade.

7. Reputação de integridade.

8. Adaptação às novas circunstâncias.

9. Boa comunicação das metas organizacionais.

10. Grande habilidade profissional.[6]

O estudo da CLC também diferencia o comprometimento racional de um funcionário (que é impulsionado por fatores como remuneração adequada e condições básicas de trabalho) do comprometimento emocional. Embora o comprometimento racional diminua as chances de um funcionário deixar a empresa e aumente a probabilidade de que ele contribua e se esforce, o comprometimento emocional tem o maior impacto sobre o esforço discricionário do indivíduo.

Os funcionários devem ter algum nível de comprometimento racional para permanecerem na empresa, mas devem ter comprometimento emocional para alcançar grande sucesso. As organizações mais eficazes fornecem liderança forte, arranjos de trabalho flexíveis, proteção aos funcionários, amplos sistemas de bonificação e uma abordagem em relação ao desempenho e à justiça que não leva em consideração o *status*.

Como seu local de trabalho se posiciona em relação a tudo isso?

PROMOVER O FOCO

Gestores e subordinados atualmente estão entrando em uma parceria nova e única no ambiente de trabalho moderno. Em vez de apenas direcionar e dar ordens aos seus funcionários, os gestores de hoje precisam estabelecer e estimular um ambiente no escritório que incentive os funcionários a contribuírem mais. Ou seja, os trabalhadores são incentivados a encontrar maneiras de superar os desafios da empresa, buscar e descobrir novas fontes de oportunidade para a organização e compartilhar seus melhores trabalhos e ideias. A fim de orientar de maneira adequada os funcionários para realizarem isso, os gestores devem considerar a ideia de fazer a eles as seguintes perguntas:

- Como você pode melhorar e implementar novas ideias para novos serviços ou produtos?
- Como podemos melhorar o trabalho em equipe e o moral dos funcionários, sem aumentar os gastos?
- Você sabe o quanto você e seus colegas de trabalho afetam os resultados financeiros da empresa?
- Quais são os passos que nós, como organização, precisamos dar para economizar dinheiro, recursos e tempo?

PEDINDO A OPINIÃO DOS FUNCIONÁRIOS

Sua empresa incentiva que os funcionários falem sobre suas preocupações, deem sugestões e compartilhem pensamentos? Seu pessoal está disposto a falar sobre todas essas questões? Ao pedir de maneira sistemática à sua equipe para que apresentem novas ideias, você não está apenas aumentando a participação dos funcionários – também está abrindo a porta para alguns resultados extremamente benéficos, como otimizar processos, melhorar o atendimento ao cliente e economizar ou ganhar mais dinheiro.

Pergunte diretamente aos trabalhadores a opinião deles sobre as políticas e práticas – não confie apenas nas pesquisas realizadas no final das reuniões ou nas caixas para sugestões, quase nunca utilizadas. Desafie seus funcionários a encontrar novas áreas que podem receber melhorias e certifique-se de que saibam da importância de suas contribuições para o sucesso da empresa. Todos os funcionários têm a capacidade de apresentar ideias revolucionárias. Seu trabalho como gestor é levar essas ideias adiante para que sejam implementadas.

PERMITA QUE OS FUNCIONÁRIOS FAÇAM PARTE DAS DECISÕES

Sabemos que, na maior parte das vezes, decisões sobre mudanças na empresa são tomadas por funcionários do alto escalão. Mas como podemos saber se foram as melhores decisões que poderiam ter sido tomadas? Será que as decisões não deveriam ser tomadas com a participação das pessoas que de fato trabalham nas funções ou departamentos afetados, não apenas por gerentes ou executivos?

Permitir que os funcionários participem dos processos de tomada de decisão é uma maneira poderosa de conseguir o envolvimento deles. Isso geralmente ocorre porque, quando você pede *feedback* à sua equipe, demonstra que os respeita e que confia neles. Além de pedir a opinião dos funcionários sobre assuntos importantes relacionados ao departamento, peça ajuda para definir as metas do departamento.

Além disso, certifique-se de que as boas ideias e soluções de sucesso sejam devidamente recompensadas – a bonificação financeira é uma forma de reconhecer o trabalho árduo e as boas ideias dos funcionários, e vai motivar também os demais funcionários a buscarem por novas melhorias.

Em última análise, você não quer que sua equipe ache que as decisões são tomadas sem considerar as contribuições feitas por eles. Se seus funcionários acharem que as opiniões deles não são levadas em consideração, ficarão menos propensos a compartilhar ideias e críticas com você. E a ausência de *feedback* adequado será um obstáculo no caminho da empresa em direção ao sucesso.

Se os funcionários desenvolverem de maneira adequada seus próprios planos de trabalho, o trabalho se tornará algo significativo e eles ficarão mais comprometidos. Conforme for envolvendo os funcionários com o local de trabalho, procure por maneiras de aumentar a autonomia deles. É possível fazer isso estimulando-os a encontrar novas ideias e a usar novos recursos ou autorizando-os a tomar decisões para cumprirem com suas funções. Os trabalhadores da atualidade ficam mais motivados quanto têm flexibilidade no horário de trabalho, autonomia e autoridade. Quando você oferece esses fatores motivadores, entre outros possíveis, o moral, o comprometimento e o desempenho melhoram.

O PODER DE PROGRAMAS COM HORÁRIOS DE TRABALHO E ACORDOS FLEXÍVEIS

Um cronograma com horário flexível oferece vários benefícios para os funcionários e seus empregadores. Estudos apontam que funcionários com carga de trabalho balanceada sentem menos estresse, e isso ocorre porque se envolvem mais em atividades fora do ambiente de trabalho e conseguem melhor equilíbrio entre vida pessoal e vida profissional. Portanto, considere a possibilidade de implementar semanas de trabalho de quatro dias e permitir o *home office* ou horários alternativos de trabalho (por exemplo, deixando que os funcionários cheguem mais tarde e saiam mais tarde). Tais acordos não podem interferir no atendimento aos clientes ou na eficácia e eficiência do trabalho.

Independentemente dos métodos que você decida implementar, trabalhe com seus funcionários para tornar possível a prática de horários flexíveis. Eles não apenas apreciarão a redução do tempo de deslocamento e do tempo a mais para ficar em casa com a família, mas a empresa também será recompensada pelo aumento da produtividade.

As mudanças decorrentes dos avanços tecnológicos trazem consigo mudanças nas condutas empresariais e novas formas de trabalho. À medida que mais e mais empresas utilizam plataformas digitais, aumenta também a quantidade de tarefas que podem ser realizadas sem que os funcionários precisem estar presentes em um escritório físico. É por isso que várias organizações tomaram medidas para implementar horários e opções de *home office*.

Alguns gestores podem demorar a se acostumar com o trabalho remoto, mas você vai perceber os benefícios de tratar os funcionários como pessoas responsáveis, pois isso lhes transmite uma sensação de propósito e autonomia. Ainda não está convencido? Considere as seguintes estatísticas, extraídas de um relatório publicado pelo *site* de empregos Indeed:

- 52% dos funcionários gostariam de trabalhar em suas casas.
- Quase metade dos funcionários – 47% do total – afirma que o fato de a empresa ter uma política de trabalho remoto é um fator importante a ser considerado quando estão à procura de emprego.
- Mais de um terço dos funcionários – 40% do total – consideraria aceitar uma redução salarial para poder trabalhar remotamente.
- 75% dos funcionários que trabalham em casa afirmam que têm melhor equilíbrio entre vida pessoal e a vida profissional, e 57% destes acreditam ser mais produtivos quando trabalham em casa.[7]

Ter equilíbrio entre vida pessoal e vida profissional tem a ver em grande parte com o desejo do funcionário de manter sua própria identidade. Mesmo que muitos profissionais acreditem que seus empregos façam parte de quem eles são, nem sempre desejam que seja assim. Incentive seus funcionários a se aprofundarem mais em seus interesses pessoais fora do escritório. Isso vai ajudá-los a criar equilíbrio entre a vida profissional e a vida pessoal. Esse equilíbrio é fundamental para a produtividade e a saúde deles.

COMO APOIAR OS FUNCIONÁRIOS SENDO O GESTOR DELES

Tome nota: de acordo com um estudo da Gallup, 51% dos adultos norte-americanos atualmente empregados estão procurando um novo emprego ou de olho em novas oportunidades de trabalho.[8] Por quê? Em muitos casos, isso ocorre porque os funcionários sentem que seus gerentes não os apoiam em suas decisões. Isso demonstra que os gestores ainda têm um longo caminho a percorrer quando se trata de motivar e dar apoio adequado aos funcionários.

Você precisa de algumas dicas para garantir que seus funcionários sintam que têm seu apoio? Veja a seguir algumas:

Demonstre que você os entende: Conheça seus funcionários, seja compreensivo e tenha empatia. Quanto mais eles sentirem que você os compreende, mais estáveis ficarão – e os negócios vão melhorar por causa disso.

Apoie-os mesmo quando errarem: Gestores costumam criticar seus funcionários quando comentem algum erro. Mas isso só vai deixá-los mal e menos propensos a confiar em si mesmos e a agir por conta própria.

Incentive o diálogo aberto e esteja disponível: Mantenha todos os canais de comunicação abertos e livres de julgamentos. Você precisa estar disponível para seus funcionários, para que possam lhe contar seus desejos, necessidades, medos e desafios.

Lembre-se de que há muitos talentos e habilidades que podem ser explorados quando se trata de seus funcionários. Por fim, elogiar, encorajar e dar autonomia aos funcionários para que possam tomar suas próprias decisões é a melhor forma de encorajá-los, o que, por sua vez, beneficiará a empresa no curto e no longo prazos.

USANDO A TECNOLOGIA A SEU FAVOR

Agora, mais do que nunca, estamos rodeados por tecnologia. Não há como escapar dela. Computadores e outras ferramentas digitais estão em nossas casas e no trabalho, e se tornaram parte de nossas vidas diárias. Se você não deixar de lado tecnologias obsoletas e os antigos sistemas de comunicação, não está apenas prestando um desserviço à sua equipe, mas também permitindo que a concorrência fique em vantagem.

Não seja o tipo de gestor que subestima o poder da tecnologia e as vantagens reais que ela pode oferecer. Esteja familiarizado com os benefícios que a tecnologia pode oferecer para sua organização, como:

- Difundir informações quase que em tempo real para todos os funcionários.
- Comunicar-se com parceiros especializados na fabricação e desenvolvimento de produtos.
- Construir uma forte relação de lealdade com os clientes pelo engajamento *on-line*.

Algumas empresas compram novos programas, aplicativos ou ferramentas digitais sem levar em consideração a tecnologia que já está sendo utilizada em seus escritórios. Outras empresas ficam entusiasmadas com a implementação de novas tecnologias, mas depois não conseguem dar andamento aos planejamentos iniciais. Mesmo que você entenda que a tecnologia é um investimento estratégico necessário, certifique-se de criar um plano de implementação completo para efetivamente colher os benefícios que ela pode oferecer.

Etapa 1: Leve em consideração os valores da sua empresa. Anote-os.

Etapa 2: Procure imaginar onde sua empresa estará daqui a uma década. O que vai mudar? Sua empresa estará no mesmo setor? Sua equipe aumentará de tamanho?

Etapa 3: Defina uma meta significativa para sua empresa no prazo de um ano e trabalhe para atingi-la.

Etapa 4: Crie uma lista de estratégias (e atribuições) para atingir metas.

Etapa 5: Faça um *brainstorm* abordando táticas para definir metas e prazos.

Etapa 6: Descubra quais tecnologias atenderão melhor às estratégias da organização.

REVOLUCIONE SEU NEGÓCIO

Algumas das organizações mais bem-sucedidas atualmente chegaram nesse ponto rompendo os obstáculos que ainda impedem o sucesso de outras empresas. Considere os exemplos a seguir ao refletir sobre maneiras para revolucionar seu negócio.

Costco

Esta empresa assumiu publicamente que manterá o foco principal nos clientes e funcionários, argumentando que alcançará o sucesso comercial se tiverem clientes satisfeitos e uma força de trabalho comprometida. A empresa paga bem seus funcionários de loja, muito acima da média salarial dos outros varejistas. Os trabalhadores também recebem benefícios muito generosos para os padrões do setor, incluindo um plano de saúde que já atraiu a ira de analistas de Wall Street. Embora algumas poucas mudanças tenham sido feitas desde então, a Costco reafirma seu compromisso com os funcionários, mantendo um programa bastante generoso.

Além dessas vantagens econômicas, a Costco oferece um ambiente altamente respeitoso aos trabalhadores. Os gerentes das lojas devem compreender e desenvolver sua força de trabalho. A empresa adota a prática de promover líderes internamente, em vez de contratá-los de fora da empresa. A demissão de um funcionário requer revisão substancial e aprovação.

O resultado disso? A produtividade e a lealdade entre os funcionários da Costco atingem níveis quase que inéditos para o setor de varejo. A rotatividade dos funcionários após completarem dois anos na empresa é praticamente inexistente. Muitas pessoas fazem da Costco uma escolha de carreira, contribuindo para o sucesso único da empresa.

Procter & Gamble (P&G)

De muitas maneiras, esta empresa reforça a crença dos seus líderes, de que pessoas são os verdadeiros responsáveis pelo sucesso da organização. A cultura única da P&G é, em sua essência, uma forte declaração de propósito, valor e princípios. Seus dois princípios mais importantes são: "Mostramos respeito por todos os indivíduos" e "Os interesses da empresa e do indivíduo são inseparáveis".[9] Esses princípios são base para muitos esforços programáticos da P&G. Mais importante, eles resultam em uma base sólida para o reconhecimento de que a empresa é de fato o "empregador predileto" de pessoas talentosas.

Starbucks

A visão da Starbucks é a de que seus funcionários são realmente parceiros essenciais para o negócio e para a satisfação do cliente. Eles são chamados de parceiros, e até mesmo o nome do departamento de RH foi alterado para Recursos de Parceiros. Esse respeito visível pelo indivíduo se estende aos programas que a Starbucks oferece: benefícios de saúde para a maioria dos parceiros e ampla propriedade de ações da empresa por meio do programa *Bean Stock*. Além disso, a empresa presta muita atenção ao ambiente de trabalho porque seus líderes entendem que os trabalhadores da Starbucks querem um lugar animado e divertido para passar o tempo – assim como a maioria dos seus clientes.

Stonyfield Farm

Os líderes dessa empresa se esforçam para que os funcionários cuidem do negócio como se fosse deles. E conseguem isso compartilhando os lucros da empresa com os funcionários, que se sentem recompensados por seu árduo trabalho. Além disso, a empresa trata os funcionários como membros importantes da equipe, abrindo seus livros contábeis – eles têm acesso a todas as informações existentes sobre a situação financeira da Stonyfield Farm.

Toyota Motor Company

Mesmo com seu crescimento, as práticas da Toyota são baseadas em uma cultura de respeito pelo indivíduo. Muitos acreditam que a origem disso remonta às raízes da Toyota em uma pequena cidade onde líderes e os trabalhadores viviam lado a lado. Não era possível para os líderes da Toyota ignorar ou negligenciar as capacidades e necessidades do trabalhador comum.

A abordagem de engenharia enxuta adotada pela Toyota e copiada em todo o mundo reforça esse respeito pelo conhecimento e pela capacidade dos trabalhadores da linha de frente. Somente quando envolvemos os trabalhadores na busca por soluções para aumentar a produtividade é que as verdadeiras mudanças podem acontecer. A Toyota e outras organizações com processos enxutos estão de novo apelando para a sabedoria de seus trabalhadores para avançar.

15

Fracasse Rápido (e Ganhe Mais Rápido!)

Faça experimentos em que seja "seguro falhar" e crie ciclos de feedback *rápidos para entender se está chegando aos resultados desejados.*

– BARRY O'REILLY, consultor de negócios

Você pode fugir o quanto quiser, mas a realidade é que a qualquer momento a mudança vai bater na porta da frente da sua empresa. Alguns tentam impedir, alguns tentam negar, mas não importa o que aconteça, a mudança vai ocorrer em sua organização. Pode acontecer na estrutura da empresa, pode acontecer nas cargas de trabalho individuais. Pode acontecer de pequenas maneiras (um novo protocolo para as faturas dos clientes) ou de maneiras grandes e avassaladoras (reposicionamento da empresa).

A maioria dos gerentes gasta grande parte das suas horas de trabalho tentando lutar contra as mudanças, se preparando e tentando controlá-las para evitar que afetem negativamente a empresa. Mas esses gerentes não conseguem se lembrar de algo muito importante: as empresas podem se beneficiar e crescer com as mudanças.

A verdade é que as empresas – assim como as pessoas – precisam de mudanças. A mudança é o que leva a melhores produtos, avanço individual na carreira e na vida pessoal e progresso geral. Mudança não é algo a ser temido – é algo que deve ser aceito e até mesmo apreciado. Neste capítulo, examinaremos de perto a mudança e estudaremos formas de incentivar os funcionários a promoverem boas mudanças nas organizações – experimentando e assumindo riscos.

QUAIS SÃO OS QUATRO ESTÁGIOS DA MUDANÇA?

A maioria de nós provavelmente pensa que sabe como a mudança nos afeta. No entanto, existem quatro estágios definidos pelos quais todos passamos quando vivenciamos qualquer mudança significativa em nossas vidas. Os problemas ocorrem quando ficamos presos em um dos estágios, em vez de seguir adiante e passar por todos os quatro.

Estágio 1 – Negação. A negação é quase que imediata, assim que você fica sabendo que a mudança vai chegar ou que já chegou. Os funcionários podem duvidar que a mudança seja de fato implementada e talvez você tenha problemas para imaginar um mundo sem o antigo sistema em vigor. Mas o fato dos efeitos da mudança não surgirem de imediato não significa que ela não tenha ocorrido.

Estágio 2 – Resistência. Resistir à mudança é uma forma absolutamente normal de reação a qualquer tipo de mudança. Todos nós às vezes podemos resistir às mudanças, mas você não deve ficar preso a essa resistência. Continuar com as velhas práticas ou com as velhas maneiras de fazer as coisas pode ser confortável, mas é preciso aceitar as mudanças para perceber os benefícios que elas podem trazer consigo.

Estágio 3 – Explorando a mudança. Nesse ponto, você está começando a perceber que as mudanças são válidas e que não há razão para negar ou resistir ao que está acontecendo. Agora, você pode analisar os prós e os contras dessa mudança e decidir como passar por ela. O progresso começa a acontecer.

Estágio 4 – Aceitação. Finalmente, você aceitou a mudança. Agora, ela está de fato inserida em sua rotina e faz parte do contexto. Você pode até estar se perguntando por que a rejeitou e a negou de início. A conclusão bem-sucedida dessa etapa o prepara para a próxima mudança, que inevitavelmente ocorrerá – talvez até mais cedo do que imagina.

SINAIS DE QUE VOCÊ ESTÁ RESISTINDO À MUDANÇA

Às vezes, lutamos contra as mudanças sem nos dar conta disso, e às vezes as pessoas que administramos fazem a mesma coisa. Se resistirmos às mudanças em vez de aceitá-las de braços abertos, nossas empresas jamais se beneficiarão integralmente delas.

Fique atento a estes sete sinais de resistência. Se perceber algum deles, é provável que você ou seus funcionários não estejam aceitando mudanças como deveriam e impedindo sua organização de seguir em frente.

1. **Retardar as coisas:** Querer mais tempo para avaliar e examinar a mudança para decidir a melhor maneira de implementá-la é normal, mas se demorar muito, a produtividade da sua organização pode cair.

2. **Evitar novas tarefas:** Novas práticas e modificações em uma empresa podem obrigar alguém resistente à mudança a evitar novas tarefas por estar sobrecarregado com a mudança ou simplesmente porque não se sente à vontade com o desconhecido.

3. **Agir como vítima:** Quando se vitimiza, faz com que os outros sintam pena de você, uma posição que pode ser confortável e perigosa ao mesmo tempo. Mas você não foi contratado para se vitimizar, então, se a mudança ocorrer, aceite-a de braços abertos e a utilize para seu próprio benefício.

4. Esperar que outra pessoa tome a iniciativa: Anos atrás, funcionários comuns não eram obrigados a tomar nenhuma iniciativa durante o processo de mudança: esse era o trabalho da administração. Quando você ou outras pessoas da sua equipe esperam que outra pessoa tome a iniciativa diante de mudanças, este é um sinal claro de resistência.

5. Utilizar regras e sistemas antigos: Mudar significa jogar um novo jogo. E um novo jogo tem novas regras. Se você continuar a jogar o jogo antigo e a utilizar as regras antigas, vai ser rapidamente substituído.

6. Tentar controlar o que não pode ser controlado: Não desperdice sua energia tentando controlar coisas inevitáveis. Em vez disso, concentre seus esforços em como responder com eficácia e alavancar as mudanças que estão a caminho.

7. Deixar a mudança paralisar você: Este é o maior sinal de que você está resistindo à mudança. Se acha que a mudança é muito grande, pode desistir completamente. Você não vai conseguir assumi-la e nem concluir suas tarefas. Em vez de ficar paralisado diante da mudança, tente ser um grande fã dela; a aceite de braços abertos e encontre maneiras de ser flexível. Concentre-se nas coisas que você pode fazer, em vez de focar naquilo que não pode fazer. Envolva os funcionários para que se sintam valorizados – reconheça os funcionários que aceitaram as mudanças em questão e conseguiram prosperar.

Resolver o problema de ser resistente às mudanças exige que você primeiro note os sinais anteriores. Se você ou seus funcionários apresentarem algum desses sinais, é preciso tomar alguma medida. É possível mudar suas atitudes em relação à mudança e fazê-la funcionar para você. Afinal, você só terá chances de se beneficiar da mudança quando sentir-se confortável com ela e aceitá-la integralmente.

ENCORAJE OS FUNCIONÁRIOS A ACEITAR RISCOS E A AGIR

Mudanças significativas no trabalho das grandes organizações não afetam apenas uma pessoa: afetam equipes, departamentos e, muitas vezes, a organização como um todo. Mudanças quase sempre não têm fim, isso acorre devido à dinâmica dos mercados, avanços tecnológicos e novos desejos e novas demandas dos clientes. Você deve ter em mente que seus funcionários vão precisar de suporte extra para se adaptarem a novos ambientes. Veja a seguir algumas maneiras de ajudá-los.

Estimule seus funcionários a agirem por conta própria

Acredite ou não, se você autorizar seus funcionários a agir e a assumir responsabilidades, eles serão capazes de passar por grandes mudanças no local de trabalho. Incentive-os a tomarem decisões – eles encontrarão maneiras de melhorar o desempenho da sua empresa, e ela vai prosperar.

Como gestor, é seu dever fazer com que os funcionários se sintam seguros o bastante para agirem por conta própria.

Com isso, não apenas a produtividade no escritório vai aumentar, mas os funcionários também estarão mais bem preparados para enfrentar grandes mudanças. Veja a seguir algumas dicas para incentivar seus funcionários a agirem por conta própria:

- Peça a eles que pensem em possíveis melhorias nos processos e políticas de trabalho para o departamento ou até mesmo para a organização como um todo.
- Se precisarem, ajude-os a implementar as ideias.
- Solicite a eles que criem um plano de ação e que o sigam.
- Sugira que concentrem os esforços na busca por melhorias nas áreas que trariam mais benefícios à organização.

Apoie e seja empático

Mudanças – sobretudo as grandes mudanças – não são fáceis. Quando ocorre uma grande mudança, em geral as pessoas têm dificuldade para se ajustar ou se adaptar de forma adequada aos processos que ficaram drasticamente diferentes da forma à qual estavam acostumadas. Dê seu apoio e seja empático com seus funcionários enquanto se adaptam às mudanças. Eles vão gostar que seu chefe se preocupe com o bem-estar deles e ficarão mais receptivos às mudanças. Veja a seguir algumas maneiras de apoiar os funcionários em tempos de mudança:

Treine seus funcionários: Quando a mudança chegar, ofereça um treinamento interno para que seu pessoal tenha condição de lidar com essa mudança. É uma boa opção também trazer um consultor externo especializado na área em questão.

Seja comunicativo: Tanto quanto possível, avise os funcionários com antecedência sobre possíveis mudanças no trabalho. Mantenha-os atualizados para que não sejam surpreendidos por mudanças inesperadas.

Evite suavizar os fatos: Diga a verdade aos funcionários. Sua intenção não é deixá-los preocupados alertando-os sobre as mudanças ou dando más notícias, mas, por outro lado, você não deve oferecer falsas garantias.

Peça *feedback* e envolva seus funcionários: Comunique ao grupo que você quer receber sugestões sobre como lidar com problemas que possam surgir a partir de mudanças em potencial. Responda aos *feedbacks* recebidos de maneira positiva. Você pode até mesmo implementar as ideias, delegar responsabilidades e dar autonomia para que tomem decisões.

Mostre que você se preocupa: Em suma, você quer que seus funcionários saibam que você de fato se preocupa com eles no período de maior instabilidade nos negócios. Seja um bom ouvinte e os incentive a compartilhar pensamentos e preocupações. Acima de tudo, olhe para o futuro, veja como a organização vai progredir e crescer assim que a mudança for incorporada e até mesmo capitalizada.

Mantenha o moral elevado

Mudanças drásticas, como *downsizing*, por exemplo, podem afetar muito os níveis de motivação e de estabilidade emocional dos funcionários. Manter o moral dos funcionários elevado é crucial em períodos de grandes mudanças. Eles podem se sentir perdidos devido às incertezas profissionais desse período e acabar sobrecarregados ao cobrir o pessoal que foi demitido. Veja abaixo como ajudar a manter todos bem-dispostos, independentemente das mudanças que estejam acontecendo no escritório:

Seja sincero e honesto: Esconder a verdade sempre faz com que seus subordinados o respeitem menos, pelo fato de você não ter sido direto e sincero. Avise o grupo quando uma nova mudança afetar o trabalho deles de alguma forma. Não espere para contar quando já for tarde demais.

Coloque os funcionários em primeiro lugar: Se colocar seus funcionários no topo da sua lista de prioridades, eles notarão isso e, em contrapartida, vão querer entregar um trabalho de melhor qualidade, serão perseverantes e mais leais a você. Dê 100% de si aos funcionários, e eles lhe darão 110% em troca.

Crie e fomente um ambiente divertido: Um escritório com o moral baixo não é um local onde o trabalho é produzido com excelência ou no qual os funcionários são felizes. Injete diversão na rotina do escritório. Organize um dia na praia (coloque um tanque de areia no depósito), realize um torneio de golfe dentro do escritório, ou agende um dia repleto de atividades divertidas para todos os colaboradores.

Seja um líder: Agora é sua hora de liderar. Dar um bom exemplo é tomar iniciativa e apresentar um bom desempenho, isto vai inspirar seus funcionários mesmo em tempos difíceis.

16
Liderando uma Força de Trabalho Diversificada

Diversidade diz respeito a todos nós, é sobre descobrirmos como caminhar juntos por este mundo.

— JACQUELINE WOODSON, autora

*D*iversidade, especialmente no local de trabalho, não é mais uma palavra da moda muito discutida. Com comunidades globais e negócios ficando cada vez mais diversificados ao longo do tempo, a diversidade na equipe, nos líderes, nos consumidores e nos clientes passou a ser realidade.

Quando falamos sobre diversidade em um ambiente de negócios, estamos descrevendo um local de trabalho que reflete a grande variedade de pessoas ao nosso redor; isso inclui gênero, etnia, orientação sexual, capacidade física e mental, e assim por diante. William Rothwell explica ainda que:

Celebrar a diversidade é dar valor a outras pessoas pelo que são – independentemente de fatores que não têm nada a ver com desempenho, como: raça, cor, sexo, religião, nacionalidade, cultura, deficiência física ou mental, idade, orientação sexual, identidade de gênero, veteranos do exército ou imigrante – são as perspectivas criativas que diferentes pessoas podem trazer para um grupo.[1]

Quando recrutamos e mantemos uma força de trabalho diversificada, abrimos as organizações para novas ideias e novas formas de pensar que podem aumentar as chances de sucesso. Não apenas isso, mas dessa forma as organizações refletem melhor o mundo no qual fazemos negócios, tornando nossos produtos e serviços mais adequados aos clientes.

Para ter um negócio bem-sucedido e por mais tempo, é importante entender que, embora o estado atual da força de trabalho contemporânea seja cada vez mais diversificado, ainda há muito a ser melhorado. Na verdade, a falta de igualdade nas oportunidades ainda é uma preocupação para os negócios e organizações.

Orientação sexual: A maior aceitação de lésbicas, *gays*, bissexuais e transgêneros no trabalho fez com que a diversidade no local de trabalho aumentasse no que diz respeito à orientação sexual. No entanto, uma pesquisa da Catalyst relata que "um quinto (20%) dos norte-americanos LGBTQ sofreram discriminação com base na orientação sexual ou identidade de gênero ao se candidatarem a uma vaga de emprego". A Catalyst também relata que "22% dos norte-americanos LGBTQ não foram pagos igualmente ou promovidos no mesmo ritmo que seus colegas de trabalho".[2]

Raça: De acordo com uma pesquisa da rede de televisão NBC News, realizada em 2018, 64% dos norte-americanos disseram que o racismo continua sendo um grande problema na sociedade atual. Ao mesmo tempo, 45% dos norte-americanos acreditam que as relações raciais nos Estados Unidos estão piorando e 40% dos afro-americanos relatam ter sido tratados injustamente em uma loja ou restaurante por causa da sua raça no último mês. Além disso, 25% dos hispânicos relataram ter sido tratados injustamente em uma loja ou restaurante no último mês, enquanto apenas 7% dos brancos afirmaram isso.[3]

Gênero: De acordo com um relatório da Catalyst, embora as mulheres em 2017 ocupassem 51,6% de todos os cargos de gerência e posições relacionadas à gestão, vão perdendo representatividade à medida que a importância hierárquica dos cargos vai crescendo. Nas empresas listadas na *S&P 500*, apenas 26,5% dos executivos e gerentes sênior e não mais que 4,8% dos CEOs são mulheres.[4]

Aumentar a diversidade e a igualdade no local de trabalho exige esforço. Você e sua empresa devem criar e executar um plano que exija um processo de contratação mais diversificado e inclusivo. Incentive as pessoas de outras raças a se candidatarem a cargos e entenda que uma empresa inclusiva terá um ambiente de trabalho mais feliz, mais criativo e mais inovador. E isso vai gerar ganhos financeiros. De acordo com um estudo do Boston Consulting Group (BCG), empresas com equipes de gerenciamento mais diversificadas têm receita 19% maior. Por quê? Porque são mais inovadoras do que empresas com equipes de gestão não diversificadas.[5]

A VANTAGEM DA DIVERSIDADE

Precisamos de espaço para crescer, para podermos ser nós mesmos e para exercer nossa diversidade. Precisamos dar espaço um ao outro para que possamos dar e receber coisas maravilhosas, como ideias, abertura, dignidade, alegria, cura e inclusão.

– MAX DE PREE, ex-CEO, Herman Miller

Se a sua organização não é tão inclusiva quanto poderia ou deveria ser, então há muitos motivos para defender a inclusão e a diversidade. No início, você pode querer promover a diversidade para atender aos padrões do setor de atuação da empresa, criar responsabilidade social ou cumprir alguns requisitos legais.

Mas você também deve saber que as empresas mais bem-sucedidas entendem o verdadeiro poder e os benefícios de um ambiente de trabalho inclusivo e diversificado. Elas sabem que um negócio inclusivo tem grande vantagem sobre a concorrência e que empresas líderes reconhecem a correlação entre o desempenho dos negócios e diversidade.

Um relatório emitido pela McKinsey & Company em 2018 aponta uma série de fatores positivos na adoção de uma estratégia de negócios voltada à inclusão e diversidade:

Diversidade é importante. Há uma correlação estatística significativa entre alto desempenho financeiro e equipes de liderança com mais diversidade.

Diversidade de gênero cria valor. As empresas mais bem ranqueadas em diversidade de gênero em suas equipes executivas têm 21% a mais de chances de serem mais lucrativas e 27% de criarem mais valor.

Diversidade étnica e cultural eleva a lucratividade. Empresas com equipes executivas mais bem ranqueadas em diversidade étnica/cultural têm 33% a mais de chances de serem líderes em lucratividade dentro do seu setor de atuação.

Não participar significa ficar para trás. Há uma desvantagem recorrente nas empresas que apresentam mau desempenho no quesito diversidade. As empresas nas posições inferiores no *ranking* de diversidade étnica/cultural e de gênero têm 29% a menos de chances de conquistar lucros acima da média.[6]

Não se engane, a evolução chegou. Mas esse progresso é extremamente lento. Com algumas empresas aumentando em um dígito os pontos percentuais da representatividade de gênero e cultural, outras ainda não estão usando de forma eficaz a inclusão e a diversidade para elevar suas metas de crescimento e influenciar de forma positiva no resultado dos negócios.

Se você deseja um ambiente de trabalho inclusivo e diversificado de grande impacto, comunique sua visão promissora à alta gerência e vincule estratégias de crescimento à inclusão e à diversidade. Em última análise, você quer criar uma cultura de inclusão e diversidade no DNA da sua organização. Isso pode atrair e reter os melhores talentos, melhorar o atendimento ao cliente e aumentar a satisfação dos funcionários.

ROMPENDO BARREIRAS PARA A DIVERSIDADE

Infelizmente, recrutadores de muitas empresas enfrentam obstáculos na inclusão da diversidade – isso cria barreiras na hora de atrair e reter os melhores profissionais. Ter diversidade no local de trabalho não é tão simples ou natural como se poderia pensar, mas aqui estão algumas maneiras de abordar e prevenir os problemas mais comuns relacionados à diversidade no local de trabalho.

Resolva a desigualdade de gênero: Os homens ganham salários aproximadamente 24,1% superiores aos das mulheres, e as mulheres têm 30% menos probabilidade de serem promovidas a gerentes do que os homens.[7] Como empregador, evite a discriminação de gênero, garanta igualdade salarial ao contratar alguém e dê as mesmas oportunidades e promoções.

Adeque o espaço às pessoas com deficiência física ou mental: Ofereça um ambiente de trabalho justo para criar uma força de trabalho diversificada. Por exemplo, acomodações adequadas com rampas de acesso para cadeirantes vão deixar o local de trabalho acessível para quem tem alguma limitação física.

Elimine as lacunas entre gerações: Esteja alerta para o fato de que as organizações com grupos de idade mais diversificados podem se segmentar em pequenos grupos e círculos sociais que isolam os trabalhadores. Promova na empresa uma cultura de comunicação aberta para manter as equipes unidas em todas as faixas etárias.

Corrija entraves de linguagem e comunicação: Entraves de linguagem e de comunicação são muito comuns em diversos grupos de trabalho e podem ser eliminados por meio de treinamentos de linguagem; isso pode reduzir a perda de produtividade e falhas de comunicação.

Fale sobre as diferenças culturais: Funcionários com origens culturais, étnicas ou religiosas diferentes podem enfrentar preconceitos no local de trabalho. Isso nunca deve ser tolerado, portanto, certifique-se de implementar programas de conscientização da diversidade e treinamento em sensibilidade cultural. Tenha uma política interna que elimine qualquer preconceito na empresa.

Respeite todas as crenças: Um local de trabalho diversificado traz várias crenças culturais, políticas e espirituais. Avise os funcionários que eles não devem impor suas crenças aos outros e que podem mantê-las independentemente dos deveres e tarefas do cargo.

Aceitar e respeitar uns aos outros: Funcionários que reconhecem, entendem e aceitam as diferenças conseguem obter colaboração efetiva e respeito mútuo, em vez de conflitos no local de trabalho.

É importante ter em mente que uma empresa que possui uma força de trabalho mais diversificada consegue melhores resultados financeiros. De acordo com o relatório da McKinsey, empresas com equipes de executivos mais bem ranqueadas em diversidade étnica e cultural têm 33% mais chances de obter lucro acima da média dentro do setor de atuação.[8]

MULHERES NOS NEGÓCIOS

Embora tenha havido progresso em relação às lacunas de gênero no trabalho, ainda existem muitos mitos sobre mulheres na liderança e nos negócios, e isso cria obstáculos no caminho para o sucesso das mulheres. Veja a seguir quatro mitos comuns aos quais você precisa estar atento:[9]

Os homens são mais confiantes do que as mulheres: Considerados mais autoconfiantes e assertivos do que as mulheres, os homens, na verdade, assim como as mulheres, ficam inseguros. E, assim como homens são vistos como decididos, fortes, habilidosos e confiantes, mulheres também o são. Mas, quando as mulheres demonstram confiança, essa confiança pode ser confundida com frieza ou vaidade.

Mulheres são menos comprometidas com o trabalho do que os homens: Essa crença tem origem no fato das mulheres serem tradicionalmente as encarregadas de cuidar dos filhos em casa. Mas de acordo com uma pesquisa de Harvard, não há diferença de gênero quando alunos respondem sobre suas ambições de hierarquia corporativa e remuneração, ou quantas horas semanais estão dispostos a trabalhar.

Mulheres não apoiam umas às outras: "Embora eu não ache que o comportamento traiçoeiro entre mulheres no local de trabalho seja tão comum quanto as pessoas costumam achar que é", diz a dra. Kellie McElhaney, professora da Haas School of Business (Escola de Negócios) da Universidade da Califórnia, Berkeley, "às vezes pode haver um pouco de verdade nisso".[10] Afinal, existe uma competição acirrada em uma força de trabalho dominada por homens. Mas, por esperarmos que sejam sempre simpáticas, muitas vezes são vistas como "traiçoeiras" apenas por estarem em oposição ou discordarem de outra mulher. Enalteça as mulheres em público para combater esse mito.

Mulheres são muito emotivas e dramáticas: Por causa desse mito, acredita-se que as mulheres sejam incompetentes para liderar em tempos de crise ou sob pressão. Isso também faz com que sejam consideradas incapazes de agir com autoridade. Mas quando um homem levanta seu tom de voz o consideramos poderoso, e não emotivo. Fique atento a esse viés.

Esses mitos definitivamente não são verdadeiros, mas ainda têm força no mundo real, na vida profissional e na carreira de uma mulher. Como gerente, você não deve apenas reconhecer que esses obstáculos estejam presentes na trajetória da carreira de suas funcionárias e líderes, mas também deve garantir que eles não afetem suas decisões – seja na hora de contratar, promover ou em qualquer outra situação.

SOBRE ESSES *MILLENNIALS*

Você sabia que, desde 2020, metade da força de trabalho passou a ser composta por *Millennials*? A geração *Millennial* (geralmente considerada como formada por pessoas que nasceram entre 1981 e 1996) tem sido, de acordo com o analista de comunicação Roshini Rajkumar, "cada vez mais vista como composta por profissionais ávidos, ambiciosos e genuinamente talentosos".[11] No entanto, as gerações mais velhas podem achar difícil trabalhar com eles por conta de seus hábitos de trabalho, expectativas e estilos de comunicação.

A geração *Millennial* veio para ficar, e em breve estará ocupando cargos de liderança (se já não estiver). Veja como se comunicar com sucesso com essa geração e ganhar o respeito deles – para o seu próprio bem e o da organização como um todo.

Seja conciso e significativo: Os *Millennials* se comunicam com mensagens curtas e significativas. Eles estão familiarizados com Twitter, onde suas mensagens devem ter 280 caracteres ou menos, portanto apreciam a brevidade. Pule os assuntos desnecessários, mas certifique-se de ser detalhado e completo quando isso for necessário.

Mostre justiça no local de trabalho: os *Millennials* valorizam muito a igualdade e os direitos. Os líderes e colegas de trabalho que desejam se comunicar bem com os *Millennials* não devem exibir nenhum tipo de preconceito contra ou viés favorável a qualquer indivíduo ou grupo de pessoas. Eles não querem ouvir piadas sobre sua idade ou comentários condescendentes, portanto é melhor levá-los a sério se quiser manter uma atmosfera de respeito no escritório.

Se comprometa com o bem maior: Sua empresa contribui de alguma forma para deixar o mundo melhor? Ela participa de ações sociais? O comprometimento social aproxima a geração *Millennial*.

Comunique planos de carreira: Em uma pesquisa realizada com um grupo na faixa etária entre 25 e 34 anos, 61% acreditam que, após dois a três anos de bom desempenho, deveriam ser promovidos. Embora eles sejam uma geração conhecida pela gratificação instantânea por meio das mídias sociais, isso não significa que eles não planejem a longo prazo. Faça avaliações de desempenho frequentes e informe aos funcionários juniores qual será a trajetória deles dentro da empresa.

Incentive os propósitos: Um aspecto particularmente impressionante desta geração é o desejo de ter propósito na vida. Fale com os *Millenials* sobre o propósito da empresa e diga a eles a importância e o valor deles nessa jornada. Eles poderão, dessa forma, sentir que estão alimentando suas paixões e realizando um trabalho significativo.

Qualquer líder de qualquer idade pode aprender como se comunicar de forma eficaz com a geração *Millennial*. Basta compreender seus valores, a forma como trabalham e suas aspirações.

17
Sobrevivendo à Política e às Pessoas

Você pode fazer mais amigos em dois meses se interessando por outras pessoas do que em dois anos tentando fazer com que outras pessoas se interessem por você.

– DALE CARNEGIE, autor

A *política de escritório* – os comportamentos das pessoas para obter e manter o poder no trabalho – é algo que ocorre em vários níveis e que pode ser observado em todas as organizações. Em algumas empresas ela é menos presente, mas algumas outras estão completamente imersas na política de escritório, que encontra um terreno particularmente fértil para crescer em ambientes onde as pessoas estão inseguras por algum motivo e onde a abertura e o crescimento pessoal não são prioridades.

De certo modo, a política de escritório pode ser algo bom. Ela pode ajudá-lo a construir relacionamentos mais fortes com outras pessoas em toda a organização, bem como a construir uma rede que permite que você faça mais coisas por meio de outras pessoas. Como gerente, por exemplo, você pode procurar por gerentes em outros departamentos para construir melhores relações de trabalho. Isso pode acontecer agendando reuniões em seu escritório para discutir questões e oportunidades de interesse mútuo ou em almoços ou jantares informais para se conhecerem melhor.

Essa é a boa política de escritório, pois é utilizada para alcançar resultados positivos para todos. Todos estão trabalhando juntos para fazer a organização crescer e capacitar o pessoal que trabalha para eles e com eles.

Mas a política de escritório pode ser algo ruim. E é sobre isso que geralmente falamos quando descrevemos um departamento ou negócio que foi corrompido pela política de escritório. Nessa situação, houve quebra de confiança em todas as relações – não apenas entre gerentes e funcionários, mas entre pessoas de todos os níveis hierárquicos. Chefes têm favoritos, funcionários competem uns contra os outros em vez de cooperar, a fofoca é generalizada, a inveja e a desonestidade são irrestritas, há muita bajulação e o ambiente é dominado por emoções desordenadas.

Quando a politicagem no escritório chega a esse ponto extremamente baixo, os negócios e as pessoas sofrem muito. A Better Buys, empresa de *software* e tecnologia, conduziu uma pesquisa com diversos setores sobre os tipos mais comuns de maus comportamentos dos funcionários. Em muitos casos, eles são resultado direto de uma má política de escritório. Veja a seguir os dez principais comportamentos inadequados, de acordo com a pesquisa da Better Buys:

1. Chegar atrasado deliberadamente (54,8%).
2. Fazer fofocas (53,7%).
3. Faltar por conta de licença médica quando não está doente (53,2%).
4. Gritar com alguém (51%).
5. Passar tempo demais em conversas informais (49,2%).
6. Exceder o tempo limite do horário de almoço sem solicitar autorização para isso (42,8%).
7. Sair mais cedo sem permissão (41,4%).
8. Mentir para o chefe (41,1%).
9. Falta de higiene (37,4%).
10. Trabalhar em projetos particulares durante o horário de trabalho (35,3%).[1]

No melhor cenário, a política de escritório pode ajudá-lo a melhorar seu relacionamento com os colegas de trabalho – em toda a cadeia hierárquica – facilitar a execução de tarefas, deixá-lo mais informado sobre os últimos acontecimentos nos negócios e criar uma rede de parceiros para apoiá-lo ao longo da sua carreira. No pior cenário, a política de escritório pode acabar em uma competição onde os funcionários buscam ganhar poder pessoal às custas dos outros funcionários e da organização.

Mas não são apenas os funcionários que têm péssimos comportamentos quando a politicagem no escritório fica fora de controle. De acordo com a pesquisa da Better Buys, os chefes também se comportam mal. Veja a seguir os dez piores comportamentos de chefes, segundo os entrevistados:

1. Gritar com alguém (37%).
2. Usar linguagem chula (palavrões) (20,8%).
3. Fazer fofocas (18,9%).
4. Passar tempo demais em conversas informais (17,4%).
5. Receber crédito pelo trabalho de outra pessoa (15,2%).
6. Sair mais cedo sem permissão (13,7%).
7. Faltar por conta de licença médica quando não está doente (13,5%).
8. Exceder o tempo limite do horário de almoço sem solicitar autorização para isso (13,2%).
9. Chegar atrasado deliberadamente (11,7%).
10. Contar piadas inapropriadas (racistas, indecentes etc.) (11,7%).[2]

O funcionamento da política de escritório onde você trabalha tem um impacto direto na sua felicidade e sucesso e na felicidade e sucesso daqueles que trabalham para e com você. A política de escritório é muito comum, e é um fator muito importante, então, quanto mais cedo você se familiarizar com como isso se dá no seu escritório ou da organização, melhor.

NOVE SINAIS DE QUE A POLITICAGEM ESTÁ FORA DE CONTROLE NO ESCRITÓRIO

A política é uma parte natural de qualquer cargo. Normalmente, não é algo com que você precise se preocupar muito como gerente, a menos que ela saia do controle e passe a prejudicar os funcionários, os clientes e os resultados financeiros. Caso isso ocorra, será preciso intervir e agir para impedir seus efeitos negativos.

Os responsáveis pelas políticas destrutivas de escritório gostam de trabalhar nas sombras, se escondendo atrás dos outros. Aponte os holofotes na direção de qualquer pessoa que adotar esse tipo de atitude e chame a atenção dela sempre que perceber esse comportamento. Não permita que rumores e insinuações cresçam e apodreçam – corte-os sempre pela raiz.

A American Management Association [Associação Norte-Americana de Administração] publicou recentemente uma lista com nove sinais que indicam o excesso de politicagem de escritório em uma organização.

> **Problema 1: Impasses.** A empresa está paralisada porque ninguém consegue chegar a um acordo sobre o que fazer.
>
> **Problema 2: Burocracia.** As pessoas estão atoladas em papeladas, regras, trâmites burocráticos e não conseguem progredir.

Problema 3: Bajulação (também conhecido como puxa-saco). Algumas pessoas elogiam as ideias de seus líderes apenas para bajulá-los e conseguir a atenção deles, mas elas não têm nenhum compromisso em implementar mudanças.

Problema 4: Duas caras, duas ações. As pessoas dizem o que elas acham que as pessoas com quem estão falando no momento querem ouvir.

Problema 5: Culpar o outro. Ninguém assume responsabilidade por nada, e rapidamente culpam outra pessoa.

Problema 6: Preguiça, ficar aguardando o fim do horário de trabalho e falta de ética. As pessoas se acham no direito de apenas "estar presentes" até que possam ir para casa.

Problema 7: Comunicação indireta. Em vez de falar com os colegas de trabalho quando há um problema, alguns funcionários reclamam diretamente para os supervisores e falam mal dos colegas pelas costas.

Problema 8: Protegidos. Funcionários politicamente influentes conseguem aprovar projetos grandes e caros que beneficiam apenas a uma pequena parte da empresa.

Problema 9: Corrupção. Há funcionários roubando dinheiro da empresa, falsificando relatórios ou se envolvendo em outros comportamentos antiéticos ou ilegais.[3]

QUEM SÃO OS FUNCIONÁRIOS-CHAVE?

Agora que você aprendeu as práticas e as regras de conduta do seu cargo, pode começar a navegar pelo ambiente político relacionado a ele. No entanto, você também deve saber quem são as pessoas-chave em seu escritório, as que que afetam positivamente a produtividade e o moral no local de trabalho. Estas são as pessoas que resolvem as coisas. Eles podem não ter cargos de alto nível, mas têm grande nível de influência. São pessoas talentosas para fazer política de escritório.

Esses funcionários-chave geralmente se enquadram em certas categorias. Você consegue identificar quem é quem em seu escritório? Que tipo de funcionário-chave é você?

O especialista: Pessoas tecnicamente competentes, que podem assumir a liderança em situações difíceis.

O apagador de incêndio: Pessoas que adoram intervir para salvar projetos no último minuto.

O vetador: Mantenha esse tipo de pessoa longe de seu processo de tomada de decisão, pois elas costumam matar as ideias instantaneamente.

O resmungão: Funcionários pessimistas, que nunca ficam satisfeitos com o resultado dos trabalhos realizados.

O fofoqueiro: Quem faz parte deste grupo está sempre por dentro das notícias do escritório bem antes de todo mundo.

Cidadão corporativo: Funcionários confiáveis são recursos valiosos da empresa e buscam o avanço a longo prazo na empresa.

Pessoas que fazem as coisas acontecer: Um indivíduo com essas características é altamente qualificado e, em geral, desempenha funções que vão muito além dos limites do seu cargo.

COMO A SUA ORGANIZAÇÃO REALMENTE FUNCIONA?

Toda organização é diferente – nenhuma funciona da mesma maneira. Se você é novo no cargo de gerente ou se é novo na organização, é do seu interesse descobrir exatamente como ela funciona. Ou seja, qual é a cultura da empresa, quais são os costumes e quais são as regras básicas que você precisa saber para ter sucesso?

Mesmo que você tenha trabalhado na empresa por algum tempo, quando é promovido a gerente, passa a ter uma perspectiva totalmente nova sobre o funcionamento da organização. É como viajar para outro país. Se você quiser se sentir bem durante sua visita, não importa qual seja a duração dela, vai precisar adquirir algum conhecimento sobre a cultura, os costumes e as regras básicas que vai ter que seguir enquanto estiver lá.

Veja a seguir algumas formas já testadas e comprovadas para entender melhor como sua organização funciona e como você se encaixa nela como gerente:

Faça perguntas perspicazes aos seus colegas de trabalho. Isso não apenas revela que você é um funcionário maduro, educado e com visão, mas as respostas vão revelar algumas informações úteis. Um exemplo desse tipo de pergunta seria: "Qual é a melhor maneira de conseguir aprovar este orçamento?"

Aprenda as práticas dos trabalhadores mais eficazes da organização. Você sabe como os funcionários mais produtivos concluem suas tarefas? Eles delegam algumas coisas? Como eles gerenciam o tempo?

Preste atenção em como e por que funcionários são recompensados e corrigidos. É possível aprender quais comportamentos esperar dos funcionários e quais comportamentos são considerados impróprios observando o sistema de premiação e disciplina da empresa.

Observe o comportamento dos demais gerentes. Você pode expor seus pensamentos sem medo de divergir de alguém? Você precisa ajustar sua linguagem? O grau de formalidade de uma organização vai dizer como você deve se comportar diante dos outros.

O ENIGMA DA COMUNICAÇÃO

Como você sem dúvida já percebeu, o que é dito em uma organização pode ter um significado mais profundo. Para conseguir decifrar a mensagem real por trás do que é comunicado, é preciso ler as entrelinhas, compreender o contexto, extrair informações e prestar atenção ao comportamento dos outros.

Algumas pessoas dão muito valor e significado às ferramentas que usam para se comunicar. Seja cuidadoso. Essas ferramentas realmente podem indicar as inseguranças mais profundas de uma pessoa sobre o poder e o sucesso. Por exemplo, um relógio Rolex pode mostrar as horas ao funcionário, mas também mostra que a pessoa que o está usando deseja atenção.

Ou pense em um *smartphone* caro e sofisticado – que não para de tocar durante as reuniões e permite que seu proprietário se ausente por muitas vezes da sala de reunião para dar atenção a um suposto cliente importante. Este comportamento pode ser usado a qualquer momento por uma pessoa que quer parecer ocupada e muito requisitada por seus clientes.

Quando se trata de assuntos relativos aos negócios, você terá que ler as entrelinhas. Mesmo que pense que está totalmente ciente do que está acontecendo, pode haver algumas informações que desconheça por trás dos fatos.

Por exemplo, suponha que um *e-mail* foi enviado para todos os funcionários falando sobre o desligamento de um colaborador antigo da empresa. Embora a comunicação pareça lógica e direta, é possível ler as entrelinhas usando alguma informação dos bastidores para entender o que a mensagem de fato quer dizer. Você pode deduzir que esse ex-funcionário, o qual seu chefe já queria demitir, finalmente fez algo que justificasse sua demissão. Mas é importante não criar o hábito de tirar conclusões precipitadas, porque nem sempre você estará certo.

Mas é possível confirmar suas conclusões a partir da investigação das informações. Torne-se um ouvinte confiável e os outros falarão abertamente sobre si mesmos, em especial se perceberem que você tem uma consideração genuína pelas questões que dizem respeito a eles. Depois de criar esses relacionamentos, é possível começar a sondar pelas informações (rumores, informações sobre eventos, decisões futuras etc.) que procura. Certifique-se de confirmar com várias fontes a veracidade das informações, dê um tom informal às conversas quando fizer as perguntas e faça as perguntas de formas diferentes.

Se você quiser entender melhor o verdadeiro significado por trás do que uma pessoa diz, acredite mais nas ações do que nas palavras dela. Os valores e prioridades de uma pessoa podem não corresponder ao que ela diz. Por exemplo, se o seu gerente lhe diz que está tentando aumentar o tempo de duração de suas férias remuneradas, mas você não perceber nenhuma ação concreta que comprove essa declaração (como ligações para chefes, papelada enviada), desconfie. Lembre-se que mensagens verbais são importantes, mas ações podem lhe dizer mais.

As regras e diretrizes de uma organização geralmente estão formalizadas e ajudam a orientar o desempenho dos funcionários e as operações no local de trabalho. Ao mesmo tempo, sempre existe um conjunto de regras informais que também são extremamente importantes em qualquer negócio ou organização. Regras não formalizadas expressam a maneira como os funcionários se comportam, o que se espera deles, e podem alavancar ou destruir a carreira de uma pessoa, dependendo de como são seguidas. E, é claro, elas não estão documentadas em lugar nenhum, o que obriga você a pesquisar por conta própria, fazendo perguntas perspicazes, observando outras pessoas e examinando os recursos da empresa. Veja a seguir outros métodos para descobrir as regras não expressas da sua organização.

Fazendo amigos

Não ande sozinho. Quanto mais pessoas confiarem em você na empresa, melhor será sua experiência de trabalho. Seu grupo de trabalho imediato é rico em amizades em potencial, amizades que podem crescer dentro e fora do escritório. Você poderá também expandir seu círculo de amizade para outros departamentos da sua organização.

Amplie seu *networking* apenas andando pelo escritório e conversando com qualquer pessoa que encontrar, participando de comitês (onde geralmente há novas pessoas que você pode conhecer e conversar em um ambiente mais informal) ou indo a eventos da empresa (como jogos esportivos ou a passeios). Afinal de contas, é bom ter amigos no trabalho, e essas amizades podem ajudá-lo a obter informações e construir sua rede de contatos. Lembre-se: você poderá *estar trabalhando* para alguns desses amigos em alguma função em breve!

Apoie e ofereça ajuda

Como uma pessoa muito sábia disse certa vez, você recebe o que dá. A política de escritório determina que, quando você dá a outras pessoas o que elas querem, será mais fácil conseguir algo em troca. Conquiste a aprovação e o apoio dos seus colegas mostrando a eles que você é um ativo valioso. Seus colegas de trabalho sabem o que você pode oferecer? Estão cientes do quanto podem ganhar ao ajudá-lo?

Há muitas coisas que podem ser oferecidas a outras pessoas em troca da ajuda delas, como informações que nem todos sabem, um favor retribuído, dinheiro extra para alocar no orçamento ou uma recomendação pessoal nos altos escalões da empresa. Ao ajudar outras pessoas, certifique-se de seguir a política da empresa. Evite fazer algo antiético ou infringir a lei!

Determine limites

Se você pensa que um evento social é uma oportunidade real para que todos da organização sejam vistos no mesmo nível, onde as hierarquias profissionais são diluídas, elimine completamente essa crença. Os eventos sociais são, na verdade, o tipo de ocasião em que você deve determinar alguns limites que não irá ultrapassar. Tenha cuidado nos eventos da empresa para não acabar prejudicando sua carreira. Basta beber um pouco a mais, assediar sexualmente uma colega de trabalho na festa de fim de ano da empresa ou ser muito extrovertido e dizer a coisa errada na frente da pessoa errada.

Seja ponderado. Mantenha as conversas leves e seja cauteloso ao se envolver em discussões. Se lhe for oferecida uma bebida alcoólica, beba pouco ou não beba. Evite falar sobre trabalho e só saia do evento depois que seu chefe for embora.

Você pode até estar em uma festa da empresa, mas não está lá para festejar.

Gerenciando cargos acima do seu

Você sabia que os funcionários não são os únicos que devem ser gerenciados? Seu chefe também precisa ser. Isso significa incentivá-lo a tomar medidas que beneficiem não apenas os membros da sua equipe, mas você também. Veja a seguir algumas estratégias altamente eficazes para fazer isso:

> **Apoie as decisões do seu chefe durante as reuniões de equipe:** "Richard, você está absolutamente correto em sua avaliação. Devemos pensar nos efeitos que essa mudança pode ter em nossos serviços mensais."
>
> **Não tenha vergonha de mencionar seu sucesso:** "Este novo cliente que conquistei vai fechar o contrato mais lucrativo do trimestre."
>
> **Elogie publicamente seu chefe:** "Nunca tive uma gerente tão experiente e habilidosa como a Theresa – ela é demais."

Busque se relacionar bem com quem ocupa cargos acima do seu gerente na hierarquia da empresa. Um bom relacionamento com o chefe do seu gerente é um ótimo presságio para sua carreira a longo prazo.

COMO LIDAR COM FUNCIONÁRIOS TÓXICOS

Todos nós já trabalhamos com pessoas negativas – tanto nas suas atitudes quanto nas ações – e não há outra maneira de denominá-las, a não ser definindo-as como tóxicas. Funcionários tóxicos podem sugar a energia de uma organização e das pessoas que nela trabalham. Escrevi um artigo alguns anos atrás para Inc.com no qual descrevi sete tipos de funcionários tóxicos que você precisa eliminar da sua vida o mais rápido possível.[4]

Caso não queira de fato eliminar esses funcionários da sua vida – pode ser que eles estejam agregando valor ao seu negócio – você pode e deve fazer tudo o que estiver ao seu alcance para reduzir a toxicidade que eles trazem para o local de trabalho. Você encontrou recentemente alguma destas sete pessoas tóxicas no seu escritório?

1. Aquele que empurra seus problemas para cima de todos.

Você já trabalhou com alguém que tenta fazer com que faça o trabalho dele além do seu? Esse tipo de funcionário é especialista em encontrar maneiras – em geral, sorrateiras – de fazer com que seus colegas de trabalho façam o trabalho por ele. Essas pessoas parecem nunca concluírem nada, mas reclamam constantemente que trabalham demais e são mal pagas. A melhor maneira de lidar com esse funcionário tóxico é garantir que ele tenha metas quantitativas bem definidas e acompanhar de perto se ele está cumprindo com seu trabalho ou não. Se não estiver, talvez seja preciso corrigir o comportamento dele.

2. **Aquele que diz: "Bom, isso é problema deles".**

Uma tarefa ou situação de trabalho nunca deveria ser considerada problema de outra pessoa. Mesmo se um trabalho chegar à mesa de alguém que não seja responsável pelo serviço, essa pessoa deve assumir a responsabilidade de ao menos encontrar alguém certo para lidar com a situação da maneira mais eficiente e eficaz possível.

3. **Aquela pessoa que sempre grita ou perde a paciência com clientes e colegas de trabalho.**

Esse tipo de comportamento negativo não é aceitável. Mostre ao funcionário incapaz de controlar seu temperamento a porta de saída.

4. **Aquele que sempre desestrutura as reuniões.**

Você o conhece – é aquele funcionário que ama falar sobre tudo nas reuniões, exceto sobre as pautas que estão agendadas. Não permita que um funcionário negativo estrague suas reuniões.

5. **Aquele de quem todos reclamam.**

Quando vários funcionários reclamam de um determinado colega de trabalho, há uma grande possibilidade de você ter um funcionário negativo na equipe. Em vez de ignorar as reclamações, verifique-as – e tome medidas caso seja necessário.

6. Aquele que diz: "Isso não é o meu trabalho" ou "Isso é uma estupidez".

Um funcionário que constantemente tem esse tipo de atitude não é alguém que merece o emprego – com certeza, não na sua empresa.

7. Aquele que está nitidamente infeliz.

Funcionários insatisfeitos não são bons para você, para a empresa, nem para os clientes – ou para qualquer outra pessoa. Eles deixam todos ao seu redor infelizes, e isso é ruim para os negócios. Ajude-os a encontrar a felicidade – deixe que saiam da empresa e busquem novas oportunidades o quanto antes.

Ninguém gosta de trabalhar com pessoas muito negativas ou tóxicas. Mas talvez não tenham escolha, pois querem manter seus empregos. Em vez de lutar, essas pessoas apenas fazem o possível para ignorar o comportamento negativo dos colegas tóxicos na esperança de que alguém resolva o problema, ou que ele milagrosamente desapareça. Infelizmente, as pessoas tóxicas e os efeitos negativos que causam nas organizações e nas pessoas ao seu redor nem sempre desaparecem.

Não importa o quanto as pessoas irradiem energia positiva, sempre haverá pessoas ao nosso redor que parecem nos esgotar com sua negatividade. Na verdade, algumas pessoas parecem se deleitar com seu pessimismo e adoram espalhá-lo por aí. Como gerente, você precisa estar alerta aos funcionários tóxicos da sua organização e deve agir para neutralizar os efeitos negativos causados nas pessoas ao redor dele.

Seus funcionários esperam que você resolva esse problema e, se decidir ignorá-lo, uma série de outras consequências negativas surgirão. Veja a seguir cinco coisas que podem ser feitas para ajudar a transformar pessoas com energia negativa em pessoas com energia positiva:

Tenha empatia pela situação delas. Todos nós nos sentimos desanimados de vez em quando e sabemos como é estar envolvido em uma situação negativa da qual não conseguimos sair. Ninguém pensa quando se levanta da cama pela manhã: "Quero fazer um péssimo serviço no trabalho hoje". Tenha empatia pela pessoa negativa que está diante de você e tente chegar à raiz do que a está deixando mal. Ela está com problemas de relacionamento com o cônjuge ou com algum outro ente querido em casa? Está com raiva porque um colega de trabalho foi promovido em vez dela? Está frustrada porque um cliente retirou um pedido no último minuto? Se você se esforçar na busca e fizer isso de forma empática, vai acabar descobrindo de onde vem a negatividade e, assim, poderá ajudar e fazer algo a respeito.

Converse sobre o problema, mas não tente resolvê-lo sozinho. Pessoas negativas costumam fazer muito barulho e confusão no escritório, pois é assim que aliviam a pressão que sentem. Se você envolver outras pessoas na tentativa de lidar com funcionários sob pressão, isso não será bom para elas. Como gerente, você deve ouvir seu funcionário negativo e sondar para chegar ao cerne da questão. No entanto, é preciso estabelecer limites para não se envolver demais. Afinal de contas, se é o funcionário que precisa transformar sua atitude negativa em positiva, então é ele que terá de resolver o problema que está causando essa negatividade. Seja um bom ouvinte dos problemas de seus funcionários e incentive-os a mudarem de comportamento.

Descubra a paixão delas. Existem pontos da nossa vida profissional que despertam nossa paixão. Você pode, por exemplo, querer criar e vender produtos que tornem a vida das pessoas melhor. Pode, por outro lado, querer criar as apresentações em PowerPoint mais incríveis que você já viu. É possível que pelo menos parte do motivo pelo qual seu funcionário seja tão negativo é porque ele não tem oportunidade de fazer coisas relacionadas às suas paixões, e você, como gerente, pode fazer algo a respeito disso. Primeiro, descubra o que desperta a paixão do seu funcionário e, em seguida, atribua a ele tarefas e responsabilidades que lhe darão oportunidade de desenvolver essa paixão. Ambos ficarão bem mais felizes.

Faça-os sorrir. Até mesmo as pessoas negativas se cansam de ser o tempo todo negativas. Elas preferem ser positivas e se divertir com os colegas de trabalho e clientes. Descubra o que faz seu funcionário se sentir bem. Ele tem orgulho das realizações dos filhos? Gosta de ficar com os colegas de trabalho depois do expediente? Tem um lugar favorito que gosta de ir? Descubra o que coloca um sorriso no rosto desse funcionário negativo e analise se você pode ajudá-lo com isso.

AS QUESTÕES DA ÉTICA

Você está seguindo um código de ética profissional? Suas práticas e negócios diários estão fundamentados em um comportamento justo e ético ou apesentam algum desvio de conduta? E quanto às pessoas do seu departamento e organização? O comportamento delas está de acordo com os valores fundamentais publicados ou implícitos da organização? Está de acordo com os seus valores?

Você encontrará desafios morais em todas as áreas da sua vida empresarial à medida que for avançando na carreira. Alguém vai lhe pedir para pegar um atalho aqui, burlar uma regra ali, ignorar um problema de padrão qualidade, "esquecer" de devolver o dinheiro de um cliente ou desconsiderar um candidato extremamente qualificado para uma vaga por causa da sua raça ou sexo. Pode ser que peçam (ou até mesmo que ordenem) que você infrinja uma regra.

Você está preparado para enfrentar esses dilemas éticos quando eles surgirem? Como você vai lidar com eles?

O que você faria se vendesse para um cliente um produto e mais tarde descobrisse que ele estava com defeito? Você entraria em contato imediatamente com o cliente para avisá-

-lo sobre a falha e oferecer um reembolso ou a troca do produto, ou ignoraria o problema e torceria para que ele não viesse procurar por você? E se seu chefe dissesse para você simplesmente esquecer o caso e ignorar as falhas do produto? O que você faria?

Como gerente, seu trabalho vai exigir que tome decisões éticas o tempo todo. O tipo de decisão que você vai tomar nessas situações dependerá em grande parte da sua bússola moral. Quais são seus valores e até que ponto está disposto a ignorá-los para agradar seu chefe ou evitar ser demitido? Quais são os limites que você nunca vai cruzar, não importa o quanto seja pressionado, e onde esse limite se torna mais flexível?

Alguém de alto padrão ético geralmente tem incorporados à sua personalidade os seguintes valores morais, tanto no ambiente de trabalho quanto na vida pessoal:

- Justiça
- Honestidade
- Fidelidade
- Transparência
- Integridade
- Dedicação
- Responsabilidade

A maioria das empresas hoje publica seus valores essenciais, assim como publicam suas declarações de visão e missão. Esses valores essenciais servem como proteção para o comportamento ético dos funcionários. A seguir estão, por exemplo, os valores essenciais publicados de algumas das empresas mais bem-sucedidas da atualidade:

COCA-COLA

- Liderança (Coragem para criar um futuro melhor)
- Paixão (Comprometimento no coração e na mente)
- Integridade (Seja verdadeiro)
- Responsabilidade (Se for para ser, que dependa de mim)
- Colaboração (O poder do trabalho coletivo)
- Inovação (Busque, imagine, crie, encante)
- Qualidade (O que fazemos, fazemos bem)
- Diversidade (Tão inclusiva quanto nossas marcas)[5]

THE HOME DEPOT

- Excelência no atendimento ao cliente
- Cuidado com nossos colaboradores
- Construindo relacionamentos fortes
- Respeito por todas as pessoas
- Espírito empreendedor
- Fazendo a coisa certa
- Retribuir
- Criar valor para o acionista[6]

APPLE

- Meio ambiente (Para exigir menos do planeta, exigimos mais de nós mesmos)
- Responsabilidade de fornecimento (Uma cadeia de suprimentos que dá autonomia às pessoas e protege o planeta)
- Acessibilidade (A tecnologia é mais poderosa quando capacita a todos)
- Privacidade (Os produtos da Apple são projetados para proteger sua privacidade)
- Inclusão e diversidade (Abertura)[7]

Quando uma empresa divulga seu conjunto de valores fundamentais, assim como essas empresas de sucesso divulgaram, fica bem fácil saber qual decisão tomar ao se deparar com um dilema ético. Mas o que você deve fazer se sua empresa não tiver um conjunto próprio de valores fundamentais, ou se seu chefe ou outra pessoa tentar fazer com que você ignore (ou quebre) as regras? Nesse caso, você precisará recorrer aos seus valores fundamentais particulares e usá-los como um guia para o seu comportamento.

Se quiser melhorar as escolhas que faz, considere as etapas simples apresentadas a seguir.

Etapa 1: Avalie a situação em questão, usando diferentes filtros (Quais são as circunstâncias levando-se em consideração a cultura? Leis? Políticas? Emoções?).

Etapa 2: Trate todas as partes envolvidas e questões de maneira justa. Certifique-se de estabelecer os limites.

Etapa 3: Hesite antes de tomar decisões importantes.

Etapa 4: Informe todos os envolvidos na situação da decisão que você tomou.

Etapa 5: Crie um ambiente estável e consistente para você e seus funcionários.

Etapa 6: Peça conselhos a alguém que seja honesto e respeitável.

Se você quiser melhorar as escolhas éticas que seus funcionários fazem, a melhor coisa a fazer é construir uma cultura que valoriza a coragem dentro da empresa. Não puna seu pessoal por fazer escolhas éticas ou que sejam consistentes com os valores fundamentais declarados por sua empresa.

Neutralize ou remova as fontes de pressão e medo, que fazem boas pessoas tomarem decisões ruins. Em alguns casos, vai ser preciso chamar a atenção do funcionário, em outros será preciso demitir os que apresentarem comportamentos antiéticos no trabalho.

Por fim, elogie, reconheça e recompense os funcionários que escolherem fazer a coisa certa. Lembre-se: você recebe por aquilo que faz por seus funcionários.

GLOSSÁRIO: Termos Essenciais que Todo Gerente Deve Conhecer

Acionável. Algo sobre o qual você pode agir.

Agile. É uma metodologia de gestão de projetos iterativa que valoriza a comunicação e o *feedback* humano, adaptando-se às mudanças e produzindo resultados práticos no trabalho.

Análise de custo-benefício. Comparação dos benefícios e custos esperados para determinado curso de ação.

Análise de Gaps. Uma comparação do desempenho real com o desempenho esperado. Também conhecida como análise de lacuna de desempenho.

Análise de lacunas de desempenho. Veja análise de *Gaps*.

Análise profunda. Examinar detalhadamente uma proposta de negócio e suas consequências.

Ano fiscal. Período de um ano usado para fins fiscais ou contábeis – pode ou não corresponder a um ano civil padrão.

Aquisição. Quando uma empresa compra outra empresa.

Ativo permanente. Ativos que levam mais de um ano para serem convertidos em dinheiro, como prédios e salas comerciais.

Ativos. Bens e direitos de uma empresa que podem ser convertidos em dinheiro, como edifícios, equipamentos e estoque.

B2B (*Business to Business*). Comércio e transações diretas entre empresas.

B2C (*Business to Consumer*). Comércio e transações entre empresas e consumidores.

Balanço patrimonial. Um relatório demonstrativo da saúde financeira da organização em um momento específico, mostrando ativos, passivos e patrimônio líquido.

***Benchmark*.** Um padrão usado como ponto de referência para medir e avaliar qualidade ou desempenho.

Competências essenciais (*core competence*). Aquilo que a empresa faz de melhor, as habilidades e recursos que a diferenciam no mercado.

Compra. Quando o patrimônio ou participação majoritária das ações de uma empresa são adquiridas.

Contas a pagar. Dinheiro devido às pessoas e empresas que forneceram bens ou serviços à sua organização.

Contas a receber. Dinheiro devido à sua organização por clientes e empresas que compraram seus produtos ou serviços.

Declaração de rendimentos. Ver demonstrativo de lucros e perdas.

Definição de metas. O processo de definição dos objetivos e criação de um plano para alcançá-lo.

Demonstrativo de lucros e perdas (P&L). É a soma das receitas de uma empresa menos suas despesas para determinar seu lucro líquido ou prejuízo líquido em um determinado período

– também chamado de demonstrativo do resultado do exercício (DRE).

Desenvolvimento organizacional (DO). Uma abordagem planejada e sistemática para melhorar a eficácia organizacional, geralmente por meio de programas de treinamento de funcionários, *coaching*, gerenciamento de mudanças, entre outros.

Diligência prévia. Levantamento detalhado dos termos de uma transação comercial ou de acordos antes de fechá-los.

Downsizing. Reduzir o tamanho de uma organização diminuindo os custos e o número de funcionários que trabalham para ela – também pode ser chamado de *right size* (tamanho certo).

Especialista no assunto (SME). Alguém que possui um conhecimento especializado ou habilidades em um determinado assunto ou processo.

Fluxo de caixa. É a diferença entre todas as entradas e saídas financeiras do caixa de uma empresa.

Frutos de fácil alcance. Metas ou objetivos mais fáceis de serem alcançados com mínimo esforço.

Ganhar força. Tornar-se mais popular.

Gestão da qualidade total (TQM). Um sistema para melhoria contínua dos produtos e serviços de uma organização.

Índice de liquidez imediata. Ver teste ácido.

Lucro. Ganho financeiro de uma empresa, dado pela receita total menos os custos totais da empresa.

Movimento de limitação de carreira. Fazer algo ruim que pode limitar quaisquer promoções futuras.

Mudanças de correnteza. Um ambiente de negócios imprevisível e em constante transformação.

Orçamento. Uma estimativa das receitas e despesas de um período específico, como do mês, de um trimestre ou anual.

Pensar fora da caixa. Extrapolar o paradigma padrão de maneira incomum na esperança de chegar a uma ideia ou solução criativa.

Princípio de Peter. Quando alguém é promovido a uma posição que está além da sua capacidade ou experiência.

Receita ou faturamento. O dinheiro gerado por uma empresa a partir das vendas de bens ou serviços.

Recolocação. Ajuda os funcionários para que encontrem novos empregos após um *downsizing* ou demissão.

Remuneração total. O total do valor recebido por um funcionário por seu trabalho, incluindo salários e benefícios, como plano de saúde e licença médica.

Responsabilidades ou passivos. Dinheiro devido a pessoas externas ou outras empresas.

Resultado financeiro. A receita líquida de uma empresa – suas receitas menos todas as despesas.

Resultado líquido. Ver resultado financeiro.

***Right size* (tamanho certo).** Ver *downsizing*.

ROI (retorno sobre o investimento). O valor total do faturamento obtido em relação ao valor do capital investido.

Rotatividade. Quando os funcionários deixam uma organização por qualquer motivo, incluindo demissão, *downsizing* e aposentadoria.

Seis Sigma. Um sistema para eliminar defeitos nos produtos e melhorar os processos de negócios usando ferramentas e análises estatísticas.

Sistema de gestão *Lean*. O processo de organizar as atividades de negócios de forma a agregar maior valor aos clientes e, ao mesmo tempo, reduzir o desperdício.

Teste ácido. É a capacidade de uma empresa de pagar seu passivo circulante a partir do seu ativo circulante menos seu estoque – também conhecido como índice de liquidez imediata.

Vantagem competitiva. É a vantagem que uma empresa tem em relação aos seus concorrentes e possibilita que ela os supere.

Notas

INTRODUÇÃO

1. Rebecca L. Ray, "For CEOs, It's Still About Developing Leaders", *Global Leadership Forecast 2018* (Bridgeville, PA: DDI, 2018), 4.
2. Jack Zenger, "We Wait Too Long to Train Our Leaders", *Harvard Business Review*, 17 de dezembro de 2012, hbr.org.
3. Peter Economy, "LinkedIn Just Revealed the 4 Traits of Really Bad Bosses (And Here's How to Fix Them)", Inc., 16 de outubro de 2018, www.inc.com.
4. Paul Petrone, "The Most Frustrating Thing a Boss Can Do Is...," LinkedIn Learning, 22 de outubro de 2018, www.learning.linkedin.com.

CAPÍTULO 2

1. Peter Economy, "Forget SMART Goals – Try CLEAR Goals Instead", Inc. 3 de janeiro de 2015, www.inc.com.

CAPÍTULO 4

1. Peter M. Senge, "The Leader's New Work: Building Learning Organizations", *MIT Sloan Management Review*, 5 de outubro de 1990, sloanreview.mit.edu.
2. Senge, "Leader's New Work".
3. Evgeny Morozov, "Form and Fortune", New Republic, 22 de fevereiro de 2012, newrepublic.com.

CAPÍTULO 5

1. Microsoft, "Survey Finds Workers Average Only Three Productive Days Per Week", Microsoft, 15 de março de 2005, news.microsoft.com.
2. Robert Half International, "Meeting of the Minds: Workers and Executives Dread Wasted Time, Disengagement", Robert Half International Inc., 31 de julho de 2018, rh-us.mediaroom.com.

CAPÍTULO 6

1. James MacGregor Burns, Leadership (*New York: Harper & Row*, 1978), 2.
2. Gil Amelio, "Developing Excellent Communication...", AZQuotes.com, Wind and Fly LTD, 2019. www.azquotes.com, acessado em 30 de agosto de 2019.

3. Bob Nelson, "Managing and Motivating Virtual Workers", *Incentive: What Motivates*, 22 de janeiro de 2019, www.incentivemag.com.

4. Starbucks, "Starbucks to Eliminate Plastic Straws Globally by 2020", *Starbucks Stories and News*, 9 de julho de 2018, stories.starbucks.com.

5. Harvey Seifter e Peter Economy, Leadership Ensemble: Lessons in Collaborative Management from the World's Only Conductorless Orchestra (New York: Times Books, 2001), 15-16.

CAPÍTULO 7

1. Sangeeta Bharadwaj Badal e Bryant Ott, "Delegating: A Huge Management Challenge for Entrepreneurs", *Gallup Business Journal*, 14 de abril de 2015, news.gallup.com.

CAPÍTULO 8

1. Peter Drucker, The Five Most Important Questions You Will Ever Ask About Your Organization (San Francisco: Jossey-Bass, 2008) xii.

2. Interact/Harris Poll, "Interact Report: The Top Complaints from Employees about their Employers", Interact Authentic Communication, julho de 2015, interactauthentically.com.

3. Rick Garlick, "Managing Your Boss: The Impact of Manager Personality and Style on Employee Per-

formance", *Hospitalitynet*, 3 de setembro de 2007, www.hospitalitynet.org.

CAPÍTULO 10

1. Sarah Payne, "6 New Stats for Employee Recognition Skeptics", *Workhuman* [Blog], 14 de novembro de 2017, resources.globoforce.com.

2. Chad Halvorson, "What Today's Employees Want from Their Managers", *When I Work* [blog], 19 de fevereiro de 2013, wheniwork.com.

3. Halvorson, "What Employees Want."

CAPÍTULO 14

1. Gallup, "From the Chairman and CEO", *State of the American Workplace* (Gallup, Inc., 2017), 2, www.gallup.com. Acessado em 16 de agosto de 2019.

2. Susan Sorenson e Keri Garman, "How to Tackle U.S. Employees' Stagnating Engagement", *Gallup Business Journal*, 11 de junho de 2013, news.gallup.com.

3. Gallup, "Chairman and CEO", 3.

4. Shelley Plieter, "Engaging Employees: Queen's Partnership with Aon Hewitt Celebrates 10 Years of Helping Small- and Medium-Sized Companies Succeed", *Smith Magazine*, Winter2014, smith.queensu.ca.

5. Corporate Leadership Council, "Driving Performance and Retention Through Employee Engagement", *CLC Executive Summary*, 2004, www.stcloudstate.edu.

6. Corporate Leadership Council, "Driving Performance and Retention".

7. Indeed Editorial Team, "Report: Remote Work Can Bring Benefits, But Attitudes Are Divided", *Indeed Blog*, 14 de novembro de 2018, blog.indeed.com.

8. Ryan Pendall, "Tomorrow Half Your Company Is Quitting (So Win Them Back)", *Gallup Workplace*, 4 de dezembro de 2017, www.gallup.com.

9. P&G, "Purpose, Value, and Principles: Our Foundation", Procter and Gamble, www.pg.com. Acessado em 4 de setembro de 2019.

CAPÍTULO 16

1. William Rothwell, The Manager's Guide to Maximizing Employee Potential: Quick and Easy Strategies to Develop Talent Every Day (New York: AMACOM 2009), 172.

2. Catalyst, "Quick Take: Lesbian, Gay, Bisexual, and Transgender Workplace Issues", 17 de junho de 2019, www.catalyst.org.

3. Andrew Arenge, Stephanie Perry e Dartunorro Clark "Poll: 64 Percent of Americans Say Racism Remains a Major Problem", *NBC News*, 29 de maio de 2018, www.nbcnews.com.

4. Catalyst, "Quick Take: Women in the Workforce — United States", 5 de junho de 2019, www.catalyst.org.

5. Anna Powers, "A Study Finds That Diverse Companies Produce 19 Percent More Revenue", Forbes, 27 de junho de 2018, www.forbes.com.

6. Vivian Hunt, Sara Prince, Sundiatu Dixon-Fyle e Lareina Yee, "Delivering through Diversity", *McKinsey & Company* (janeiro de 2018) 1.

7. Angela Hood, "7 Biggest Diversity Issues in The Workplace", *This Way Global*, blog, www.thiswayglobal.com. Acessado em 16 de agosto de 2019.

8. Hunt *et al.* "Delivering through Diversity".

9. Kellie McElhaney, "Four Myths That (Still) Get in the Way of Women and Leadership", *Haas School of Business, Berkeley MBA Blog*, 4 de setembro de 2018, blogs.haas.berkeley.edu.

10. McElhaney, "Four Myths".

11. Michael Dimock, "Defining Generations: Where Millennials End and Generation Z Begins", *Pew Research Center: Fact Tank*, 17 de janeiro de 2019, www.pewresearch.org; Roshini Rajkumar, "Communicating with Millennials in the Workforce", Roshini Performance Group: *Roshini's Blog*, 7 de outubro de 2015, roshinigroup.com.

CAPÍTULO 17

1. Better Buys, "Employees Behaving Badly: What's Really Happening at the Office", www.betterbuys.com. Acessado em 16 de agosto de 2019.

2. Better Buys, "Employees Behaving Badly".

3. Joanne G. Sujansky, "Corporate Politics 101: The Nine Signs of an Overly Political Organization", *American Management Association (AMA)*, 24 de janeiro de 2019, www.amanet.org.

4. Peter Economy, "These Are the 7 Toxic Employees You Should Fire Right Now (Before It Is Too Late)", Inc.: Leadership Guy Blog, 5 de setembro de 2017, www.inc.com.

5. The Coca-Cola Company, "Why Work at the Coca-Cola Company?", www.coca-colacompany.com. Acessado em 16 de agosto de 2019.

6. The Home Depot, "Your Culture, Your Community: Living Our Values Every Day," careers.homedepot.com. Acessado em 16 de agosto de 2019.

7. "Apple Site Map: Apple Values", *Apple*, www.apple.com. Acessado em 16 de agosto de 2019.